剝削首爾

是炒房者造成我們的貧窮！
寄生下流殘酷史，蟻居村全貌紀實——

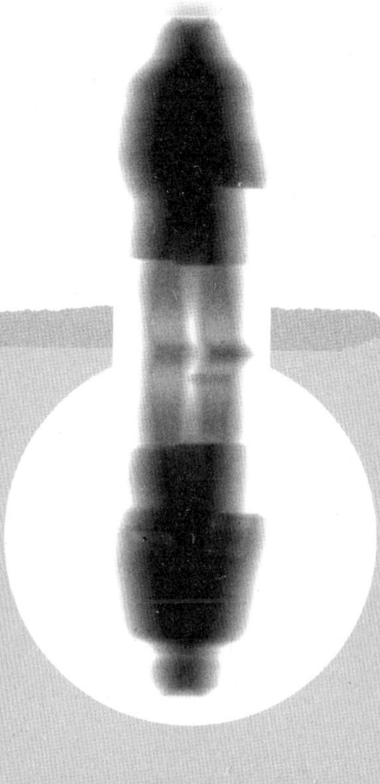

李惠美 著
이혜미

陳品芳 譯

착취도시，서울

【專文推薦】

大火燒向最弱勢的族群

《做工的人》《如此人生》作者　林立青

在電影《寄生上流》的場景中，導演用了強烈的對比來揭露韓國的居住環境，有錢人住在擁有院子的獨棟別墅，窮困的一家人則是住在地下室，不定期地忍受醉漢、噴灑殺蟲劑、暴雨的困境。電影的成功賣座帶給了觀眾強烈的貧富差距印象。

如果想要更加理解韓國居住的空間和環境，那麼就不能錯過這本書。本書是作者李惠美在調查貧窮時，親身探訪社區，走入居住空間後所寫成，她以記者之眼記錄下首爾市的情景：臨江之隔的首爾市分成兩塊，一塊是先進的住宅區，另一邊環境則是連門都沒有，僅用塑膠布分隔，隔間內做成更小面積的空間以方便出租，原先僅能提供九人住的房子，硬是隔成了三十個空間，擁有著密密麻麻的信箱和電表。

韓國有所謂的「地頂考」，「地」是《寄生上流》中大家所看到的地下室，「頂」是台灣人熟悉的頂樓加蓋，「考」則是因應過去韓國司法考試而出現的考試房。除此之外，有著所謂的

「蟻居房」：在城市邊緣用浪板及帆布在半開放空間隔出來的生活環境，多人共用衛浴，或者根本不提供設施，房客有需要盥洗如廁時，則自行前往鄰近公共設施使用，作者以記者調查的角度寫下她與房子管理者的交手過程，有些人控制身障者，在補助金撥款的時候準時領出，甚至將人強押回來，作為控制手段；有些時候則是屋主減免了管理者的房租供營業，同時來達到互相控制監視的效果。這樣的房子在路邊寫上出租及電話，平均起來的租金還比其他房子來得高，房東以收到租金就好，不管房客死活及狀況，自然也不去維護照料房子。更令人難堪的是，這其實是一種「產業」，如同台灣房仲推銷時所說的以房產收租來退休。這些投資者為了避稅而置產，房屋作為投資手段，管理者甚至「繼承」這樣的管理事業，成為一種弱弱相殘的結構，不只壓榨高齡及弱勢身障者，同時剝削大學生的未來，甚至阻礙政府公權力介入更新或者新建住宅。

這些讓人聯想到的，是如同台灣的居住環境，台灣年輕人在都會區租屋時，也會發現屋主不願意房客申請租屋補助，原因在於房東為了減低稅率，多半會將房屋登記為自用，若被發現為收租房，則會調整稅率，同時因為租金納為收入，房東的所得級距將會影響所得稅金。造成台灣的房東在招收房客時總要求「不可以申請補助」「不能遷入戶籍」，這也讓台灣年輕租屋族的處境無法改善，這些「潛規則」都是為了讓房東合法避稅所設下的門檻。於是我們可以看見台灣每幾年就會發生一次大火，燒向最弱勢的群眾，例如獨居老人、移工及弱勢單親者。經濟弱勢者本來就難以取得良好的居住環境，更糟糕的是，長時間住在惡劣的環境裡，看不到希望而造成精神折磨。

說到底，這是探討人們如何看待居住的一本書，也是可以反映台灣租屋環境的書。同樣的議題在台灣其實已經多次討論過，諸如記錄北京地下居住的鼠族及台灣頂樓加蓋分割出租的故事每天都在上演，但如本書抽絲剝繭地將結構以及困境分析得如此透澈，將整個結構調查詳細的，似乎也只有本書。譯者及編輯們特別將本書的數字換算成台幣，更能讓讀者在閱讀時，理解這些人的生活處境。

我不斷地想起台灣的處境，同樣有著高齡租屋的困境；在三重中永和萬華，有同樣的居住空間，甚至有同樣的火警新聞出現；在竹科周遭，有著所謂的違建自動長大。台灣的巢運歷時已久，卻始終沒有辦法改變房屋成為一種投資商品的現實狀況。

閱讀這本書以後，我所思考的是，居住權究竟是一種每個人都需要的重要權益，還是投資標的？

踏進蟻居房的剎那，人生便成為沼澤

【台灣推薦】

不只看見地獄朝鮮，更了解我們的當下現實

二十一世紀的貧富差距與過往不同。往年勞工價值仍被尊敬，而如今以消費水平來衡量人的社會，貧者等於「消失」在眾人的想像內，因此更為辛苦寥落，讀此書不只看「地獄朝鮮」如何形成，更是要了解我們集體所處的當下現實。

——作家／影評人　馬欣

繁華的背後

都市現代化的過程中，有光明也有黑暗面，特別是有歷史的城市。首爾舊名為漢陽，成為韓國的首都，已有六百多年。蟻居村所在之處，位於東大門，自古是商家聚落之處。透過作者實地走訪，透視了繁華東大門的另一面。

——作家／YouTuber　Fion

此時此刻的首爾，此時此刻的台北

作者以細膩精準的文字，記錄城市橫跨世代的窘迫租屋者群像。雖田野地在首爾，卻與此時此刻的台北，處境如此相似，許多段落都令人倒抽口氣。在繁榮燈火無法照明之處，青年、社會底層，我們是沒有不同的。

——人生百味共同創辦人　朱剛勇

潮流之都，那黑暗的貧窮縫隙

誰是剝削者？為什麼這些人的生活會跌入無間地獄，如果連這一坪不到的空間都待不下去的話，就將流落街頭。本書透過記者深入調查，帶領我們看見難以想像的潮流之都首爾那黑暗的貧窮縫隙，閱讀間令人悲憤熱淚的紀實文學作品。

——韓國的筆記　次長

回頭思考台灣都市內的居住問題

這本書關注當代都市重要議題：居住正義。從蟻居房到新蟻居房，揭示了大學生可能面臨的青年居住貧窮議題。這本書並不純粹描繪悲慘的居住現況，而是批判性地挖掘「貧困經濟」背後的租屋結構，房客如何慘遭剝削，相應的法規及政策又是如何助長這樣的景況。本書藉由首爾的案例，讓台灣讀者也能夠回過頭思考台灣都市內的居住問題。

——公民不下課　黃怡菁

我曾住過二坪左右的蟻居房

韓國法律規定單人家庭最低居住面積為四・二四坪，有廚房、專用洗手間與沐浴設施，但許多人居住環境遠不及此。在台北，我曾住過二坪左右的蟻居房，而現在我的學生，許多仍居住在類似大小卻月租超過八千元的地方。本書所提到的居住人權，是台灣與韓國迫切需要面對並解決的議題。

——東吳大學社會學系助理教授　何撒娜

給了冷酷虛妄的資本主義，痛快一記直拳！

如果受教育是應受保障的國民權利，為何居住不能也是？當住宅完全只是商品化不動產，政府也不介入，無力購買只能租賃者，便落入循環剝削的底層。本書來自年輕記者的切身體驗與深入報導，給了冷酷虛妄的資本主義，痛快一記直拳！

——社會學家／作家　李明璁

【韓國推薦】

一部當代不動產的殘酷史

無論是「懶惰」還是「誠實」，我們的社會都十分熟悉如何評論貧窮者。有錢人的品行，總會被「資本」「結構」「系統」等概念化的詞彙取代。本書揭開抽象的表象，實際追蹤讓蟻居村、大學商圈套房成為貧困經濟最前線的人類捕食者真面目。這群捕食者將如槁木死灰的生命逼進絕路，卻聲稱自己的行為是「為老年生活做準備」，實實在在地為大韓民國寫下一部當代不動產殘酷史。

——延世大學文化人類學系教授趙文英

以個人觀察與書寫爲武器，探索新自由主義所打造的迷宮

蟻居村是一座迷宮。這座迷宮代表的不僅是巷弄、建築物內部與人的外表和內在，更是拿著吸管不斷吸取錢財的居住貧困經濟，以及新自由主義所打造的迷宮。作者以個人的貧困經驗與感受、以個人的觀察與書寫為武器，走入這座迷宮之中。誠摯地邀請各位，跟著作者的文字一起，經歷這細膩且豐富的探訪、難度極高的資料搜集與討論過程，貧困將是點燃這把熊熊大火的力量。

——《口述生平》作者崔賢淑

Contents

目錄

第二部 大學街新蟻居村

【作者序】

從束縛自我的貧窮解放

「任何條件之所以存在，都是因爲有人能從中獲取利益，我們能在貧民窟當中，具體看見這種剝削的型態。」（馬丁・路德・金恩）❶

貧窮究竟是從何時開始，不知不覺地進入貧窮者的生活？貧窮的他們，究竟是從什麼時候開始，又為什麼變得貧窮？是因為他們天生如此嗎？在極度追求資本主義的韓國社會，即便貧窮已是媒體最愛的題材，但有錢人剝削窮人的根本問題卻仍鮮少有人提及。

本書是二〇一九年五月以及十月至十一月於韓國日報連載之〈比「地頂考」更不如的蟻居房〉〈大學街新蟻居村〉等兩篇報導的背後故事。

❶原書註：馬修・德斯蒙德《掃地出門：美國城市的貧窮與暴利》東方出版，引用自第四一三頁。

報導中揭露在蟻居村這個「介於露宿街頭與正常居住之間」的弱勢區域當中，房東對房客掠奪式的租賃產業，同時也以實際案例，讓人們看見房東的集團利己主義，如何逼迫青年朋友用青春與未來做擔保，進而陷入居住貧窮之中。在刊出這些報導之前，我也完成了兒童居住貧窮的〈被困在單間房中的孩子〉企劃，用整整一年的時間完成「居住三部曲」，我問心無愧。

我想透過這些報導，探討我們在談論「貧困」時容易忽略的一連串剝削問題。我關注的不僅僅是巨大之惡，更是存在於我們周遭，榨取底層人口以維持個人地位的剝削問題，被歸類為最惡劣居住品質第一線蟻居村，以及陷入居住貧窮的青年朋友便是其中一個議題。

我之所以特別關注居住問題，而且著重在居住福利而非不動產問題的原因，是因為我本人在年輕時便曾經與貧困對抗。在這個認為貧窮十分羞恥的社會，過去的我時時刻刻害怕自己身上流露出貧窮的氣息，只能努力武裝起自己，但我藉著書寫貧困者的故事，感覺自己從束縛自我的貧窮中解放。因此，「居住三部曲」是以記者身分完成的報導，同時也是讓我終於能夠認同「自我」的轉捩點。感謝給我機會，讓我能將這段或許只對自己有意義的經歷出版成冊，對社會做出一份貢獻的字罈出版社、李恩惠總編輯及金始德老師。

從報導連載開始到書籍出版的這段時間，韓國日報企劃採訪組的前輩總是支持著我、對我照顧有加。身為組內年紀最小的我，總是提出很多大膽的主題，而楊洪柱前輩總是以「好啊，很有趣，試試看」回應，並全力支持、鼓勵我，真的非常感謝他。上半年我之所以能夠秉持著「想寫好新聞」的熱情繼續工作，都是因為有一群好前輩為我奠定良好的基礎。

我最感激、最敬愛的金惠英前輩，不僅教導我面對工作的態度，更讓我了解對待人的真誠，以及該用怎樣的觀點來看待這個世界，雖然想在一旁偷偷模仿，將這一切學習起來，但現在的我還有許多不足之處。二〇一九下半年的我非常不穩定，是李珍熙、朴尚俊、朴素英等三位前輩拉住了我，同時我也想向二〇一八年待過的社會部警察組表達感謝之意。這些事情都不是靠我一個人完成，而是因為有前輩的支持，我才能盡力完成。即使大家都要帶領多位實習記者，但還是扮演好自己的角色，真的讓我十分感激。

最重要的，是韓國日報提供報紙版面，讓年資尚淺的我盡情地實驗與挑戰，我才能有機會獲得採訪與出版書籍的機會。由於文字的力量尚嫌不足，因此也很感謝幫忙用照片記錄的洪仁基、裴佑翰、徐在勳等三位前輩。每次在做企劃報導時，總會獲得許多前後輩的支持與鼓勵，無法將每一位的名字一一列出來表達感謝，我感到十分歉疚。

最後，我想向一直相信我的家人說，我愛你們。

李惠美

聲明

- 本書中的人物、地名、年齡等均已視情況修改。
- 文字欄中的文章節選自韓國日報的報導，包括〈比「地頂考」更不如的蟻居房〉（2019年5月7、8、9日刊登），以及〈大學街新蟻居村〉（2019年10月31日，11月1、4、5日刊登），其他所有內容均專為本書重新撰寫。
- 居住面積標示盡量以平方公尺為單位，也有部分依照居民的使用習慣，以「坪數」為標記。
- 中文版將原文韓國幣值，以匯率1:35換算，供讀者參考。

第一部

比「地頂考」更不如的蟻居房

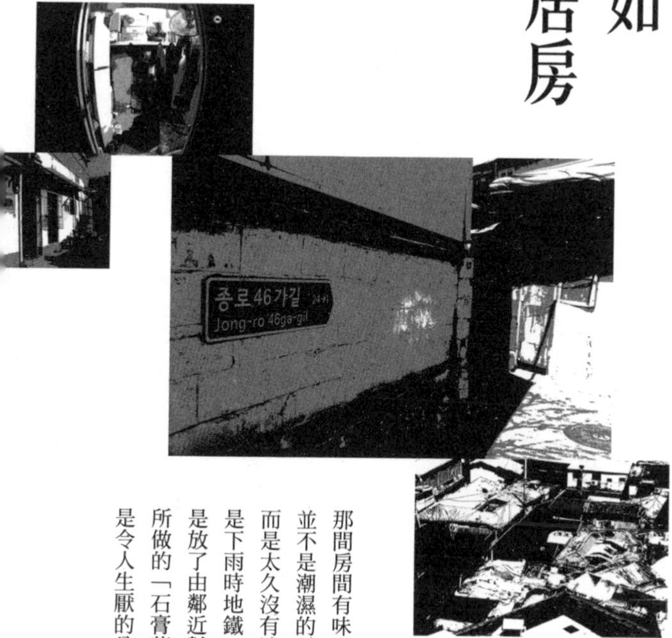

那間房間有味道，
並不是潮濕的霉味，也不是因骯髒而令人瞬間皺眉的汗味，
而是太久沒有清洗的棉夾克所發出的酸腐味，
是下雨時地鐵一號線的棉布椅會發出的味道，
是放了由鄰近幫助蟻居村居民自立的「蟻居諮詢中心」
所做的「石膏芳香劑」，仍無法掩蓋的獨居老男人味，
是令人生厭的貧窮味，是都市貧民的味道，更是孤獨的味道……

「當代蟻族」考試院的人們

二〇一八年十一月九日，國日考試院火災

這是一棟外牆貼著老舊象牙色磁磚的三層樓建築，最高的三樓窗戶正冒著濃濃的黑煙。國日考試院一直到二〇一八年十一月九日上午，都還「存在於」鐘路二街與鐘路三街之間，距離清溪川最近的馬路角落。

必須要勉強抬起頭才能注意到的建築物、必須低下頭才能注意到的人們，在火災那天被宣告死亡。無論是考試院本身，還是居住在那裡的七人，生命都因這場火災告終。火災後兩天，二〇一八年十一月十一日，警察與採訪團隊聚集在國日考試院前，還有在隆冬中僅穿著拖鞋，在家門口閒晃的考試院火災倖存者。

這些平常在城市裡像透明人一樣不會被看見的人們，彷彿不明白自己的生命會在瞬間消逝一樣，將整條街渲染成一片黃色。從人力仲介所走回來的他們、沒有餘裕籌措三萬元租屋押金的他們，為了避免流落街頭而委身於考試院，那個棲身之所的入口，如今被拉上「禁止進入——POLICE LINE——調查中」的黃色警戒線，嚴密地封鎖。入口旁有用於祭祀罹難者的桌子，上頭放著一顆可口的黃橙橘子與兩顆柿子。如同人類消逝的生命一般飄落在地面的黃色銀杏，厚實地堆疊在白色的菊花上頭，令人看不清究竟有幾束菊花放在那裡，同時也掩蓋了花朵帶來的悲戚感。七名罹難者不曾反抗過這個世界，靜靜地待在令人不敢置信的底層社會中。

唯有貼在柏油路上的追思文句所傳達出的悲傷，在告訴人們這裡有許多人因火災失去性命。行人走過寫有「我們需要的不是『房地產』政策，而是『居住』政策」「敦促政府預防不斷發生在蟻居村、考試院、旅店這些貧民居住區的火災慘案」這些句子的紙張前面，短暫停下腳步並抬頭看了看這棟燒成焦黑的三層建築物。這裡距離滿是大企業辦公室招牌、摩天大樓櫛比鱗次的鐘閣一帶不過一個街區，卻有一群只能勉強避免自己流落街頭，天天領著微薄日薪的計時工人聚集。行人似乎也對此感到難以置信，只有偶然路過注意到時才小小聲地說「這裡好像就是失火的考試院」。

下午兩點，終於有人打破這片平靜。某政黨代表跟同一政黨的政治人物一起來到火災現場，坐在地板上的記者們有條不紊地起身，將政治人物所說的話一一記錄下來。喀嚓喀嚓的快門聲與敲擊鍵盤的聲音此起彼落，黨代表將代表政黨的黃色衣服穿在外套底下，默哀結束後站在記者面前大聲說「如實展現了我國貧困階層面臨的居住問題」，並大聲表示將提出對策，過沒幾分鐘他們離開，這條街上再度只剩下倖存者與記者。

失火考試院正前方的樂透攤商店面的牆上，貼有寫著「增加『公共住宅』，改變無宅市民的生活」等空虛口號的公益廣告，如今卻顯得可笑。

327號房，李明道，六十四歲

「這樣不如發錢給我們。」

在旁看著的倖存者李明道（假名，六十四歲）不滿意地嘟囔，這是帶了點微妙敵意的挖苦。之前住在327號房的他，因為住在有窗戶的房間所以免遭祝融之災。從301號房竄起的火舌擋住整條走廊，他想也沒想就從三層樓高的考試院窗戶跳下逃生，現在只是在想，或許被燒成一片焦黑的屋內，可能還有一些東西能夠撿回來用，所以才在現場等待，居民們都是頂著初冬的寒冷，在考試院外徘徊等待開放的那一刻。

他在考試院旁地下的茶房點咖啡時，嘴裡還一邊說「其他記者請我吃了頓飯，聽我說了一些故事」，露出一副很怕自己沒飯吃的神情。李先生是個很樂於收受好處的人，也懂得利用記者，腦筋動得很快，會問記者想聽什麼樣的故事，然後在故事中參雜一些對自己有利的內容，這對沒有機會面對媒體的一般市民來說，是非常罕見的能力。

其實開始跑新聞之後，便因為工作的關係訓練出在街上遇到任何人都能親切地打招呼、在短時間內與對方拉近關係、想盡辦法套出對方私下的故事等等的技能，但我依然不太能夠用對待其他採訪對象的方式來客觀面對李先生。沒穿鞋子就光腳跳出窗外的他，很快開始說起自己「高貴的出身」，談話過程中總讓人一下對他心生同情，一下又因他的自大而感到不滿。

「別看我這樣，年輕時我也過得很好。我家原本就在鐘路，我在鐘路已經住了四十年，因為家道中落所以才來到考試院。活著真是沒有意義，我常在想我為什麼要活著，以前我曾經參加三個網球俱樂部，一到夏天就會去滑水，還會去海釣，但今年到現在都還沒吃到活生生的花蟹。」

他舔了舔嘴唇，呼嚕嚕地幾口把咖啡喝光。他像是活在過去階級分明的社會裡一樣炫耀個人身分地位，並開始談起現代史以凸顯他在鐘路土生土長的背景。那些像是在炫耀一樣吐出的華麗詞彙，跟指甲縫裡的黑色髒汙形成強烈對比，使這幅情景顯得更加超現實。

「過了考試院前面的清溪川就有一條工具街，以前這附近叫做『車床』『銑床』，有很多金屬相關工廠，當時這裡可是繁榮到被人們稱為『除了坦克，其他用鐵做的東西都能做得出來的地方』。我也曾經在這裡工作，但因為景氣變差，就開始到工地上班了。」

居無定所，無法停留在一個地方太久，到工地去工作就能一次解決食宿問題，於是他便輾轉到外縣市工作，以管線工程餬口。二〇一八年春天才來到國日考試院，沒有家人、沒有錢、沒有房子的他，將可以解決三餐又不需要繳水電費的考試院當成落腳處，怎麼看都是必然的結果。

國日考試院是最適合「求職」的地方。每當提起蟻居村、考試院、月租旅館等惡劣的居住環境時，總是會有人立刻反駁，說「不要執著於首爾，到外縣市去有一大堆空房沒人住」，但其實貧窮的他們不放棄住在首爾也是有原因的。再加上他是土生土長的鐘路人，死也要待在鐘路。看在旁人眼裡，這或許是這些沒有權力為自己辯解的社會邊緣人的固執，不過其實經濟社會文化權利國際公約對居住權的規範中，有一個條件就是「居住在熟悉文化圈的權利」。

因為沒有錢，所以不能居住在自己熟悉的地方，其實是韓國不斷強制拆除、遷居的都市開發政策造成的悲慘結果。

「人力仲介所就在這對面的鐘路上，如果想搶到工作，就必須一大早起來去等，所以才決定住在附近，一方面節省公車或地鐵的費用。在這裡打四天工，就能夠賺到大約一萬元。」

他的每一句話都夾雜著虛張聲勢以及對社會死心的態度，但每一個故事都同樣以「錢」作結。因為沒有錢所以沒辦法玩、沒辦法吃美食，希望我們寫報導要求政府用錢賠償等等。被情勢所逼的他，表現出只要能夠換錢，即使是將「自己的尊嚴」賣給全世界也在所不惜的態度。

「現在我全身上下的財產只有三千元，口袋裡要有錢才能飲酒作樂，以前一個星期可以玩個一、兩次，但現在都想不起來自己什麼時候去喝過酒了。每天早上起來都覺得世界一片黑暗，人家不是都說流落街頭之前的一個階段，就是住在『考試院』嗎？我對任何事情都不抱希望，唯一的願望就是安靜且安詳地死去，失火的時候如果不會燙、不會痛，能讓我覺得很舒服的話，那我應該會躺著不走。」

地、頂、考（地下室、頂樓加蓋、考試院）。居住的費用逐漸飆升到令人難以承擔的程度，在貧益貧富益富且低經濟成長的城市，被「淘汰」的他們，只能靠這些空間解決吃、住的問題。經濟不景氣導致沒有工作可做，面臨露宿街頭危機的低薪計時工人和獨居老人，為了維持平凡的日常生活，只能自動自發地進入地頂考。

根據統計處每五年發布一次的「人口住宅總調查」指出，二〇〇五年除了住在商務公寓的人之外，有五萬戶住在「住宅以外的居所」，而且增加的速度越來越快。二〇一〇年增加了十三萬戶，二〇一五年增加到三十九萬戶。其中以司法考試廢除之後，學生與考生不再入住，轉而成為低收入單身族群棲身之處的「考試院」為大宗，現在在考試院看到單身中年人，再也不是一件陌生的事。

326號房，洪阿某，五十九歲

「太太跟小孩不知道我住在考試院，我也沒有因為失火跟家人聯絡，問我為什麼沒跟他們住在一起，只能說這是私人家務事，無可奉告……總之，請千萬不要寫出我的名字，別讓我的家人知道。」

326號房，就是327號房李明道先生隔壁的洪先生（五十九歲），不斷叮囑我說千萬不能讓他家人知道這件事。他在住戶當中，屬於相當「年輕」的一群，他是在四年前落腳於國日考試院。

他是個一輩子都夢想「東山再起」的人，但在不容許「敗部復活」的韓國社會，所謂的再度挑戰，其實就像是每個星期六不抱太大期待地去買樂透，等著總有一天會「中獎」的機率差不多，但他還是為了省錢，租了間考試院的房間充當住處兼辦公室使用。

「三十年前我經營聲色場所，後來幾次想嘗試創業，但都失敗了，尤其在一九九七年國際貨幣基金組織介入國內經濟的時候，我就再也沒有機會東山再起。當時我從比利時進口了十五噸的原料想做洗潔劑事業，但放置原料的龍仁大雨成災，讓整批原料報銷。之後我雖然繼續挑戰，但還是沒有進展，現在也在準備創業，希望可以順利，沒想到卻失火……」

越認真生活越貧窮。在國日考試院火災現場遇到的每一個人，都親身證明著這件事。在資本主義社會，生活必須要有一定程度的安逸，至少生活水準也必須在普通以上，才能擁有「提升階級」「追求成就」的人生目標。這些住戶的目標不是向上爬，而是每天都期待自己不要被擠下去。

「我是做事業的人，但考試院的這些人大多都是勞工。」

他隱約地在和自己的鄰居劃清界線。考試院裡也有階級之分，這個階級的象徵就是「窗戶」。他所住的326號房每個月大約要一萬元，而且是有窗戶、稍微貴一點的房間。從與他的對話中，不時能夠感受到他因為自己不是那些領日薪的勞工，而是「做事業」的人所產生的相對優越感。

令人感到不可思議的是他離開國日考試院之後，暫時住在附近一個月租金大約一萬兩千元的考試院，事實上在倖存者當中，能負擔上萬元租金的人實在屈指可數。那麼被稱為「現代版蟻居房」的考試院，對他來說究竟是個怎樣的空間？

「考試院嗎？是社會的最底層，這間考試院裡大多都是快要流落街頭的老年人在住，失火的時候也是，有很多人因為沒有行李，只要人跑出來就沒事了。」

在二〇一九年的大韓民國，仍有極度貧窮者為了最低限度的生存、為了獲得「一小片」能夠棲身的空間掙扎著。但卻有人利用他們的「貧窮」「困頓」獲取暴利，接近剝削的租賃業堆積出一座財富高塔，我將之稱為「貧困經濟」。

「無情城市」的底層居住前線

用三百元買下你的悲慘人生

二〇一八年十一月十一日下午五點，距離太陽下山還有段時間，但黑暗卻提早降臨首爾鐘路區昌信洞的蟻居村巷弄。市中心少見的黃色街燈，證明著這個社區有多麼落後、多麼無人聞問，這是個甚至沒有餘力向行政體系「申訴」的寂靜區域。

街燈上四處結著蜘蛛網，燈泡發出啪嗞啪嗞的聲音，每一秒閃爍一次。周遭的房屋沒有透出一絲光線，在寂靜無聲的環境中，燈泡的明滅聲是唯一能聽見的噪音。位在地鐵轉乘站東大門站與東廟玩具市場之間，巷口掛滿了有著紅色溫泉標誌，並以端正哥德體寫著「〇〇〇旅館」「〇〇〇汽車旅館」的招牌。沿著偶爾有一、兩個人進出的這條漆黑巷弄走進去，就會抵達首爾「最貧困的人們」所居住的昌信洞蟻居村。

首爾鐘路區昌信洞蟻居村一帶

在這個有兩條地鐵線交會的地方，興仁之門就矗立在十字路口，不到五分鐘路程之處，有著東大門設計廣場（DDP）、服飾批發商場與飯店等華麗的建築物，以耀眼的光芒照亮這個社區。

但不過是跨過一條清溪川、不過是走過一條斑馬線，昌信洞蟻居村裡滿是二次世界大戰後建造的老舊商店，以及在更早之前便建造完成的低矮平房，天空被連接電線杆、粗細不一的電線遮蔽。

這裡是過去大眾交通方式之一的軌道車終點，一九三二年日本殖民時期，京城軌道株式會社負責東大門到往十里之間的載客軌道車運行，這裡自然而然地有旅館、酒館、紅燈區聚集。一九六六年軌道車運行中止，旅館與紅燈區變成蟻居村，身處其中的人們也成為當地的居民❷。據推測也可能是因為在附近和平市場漸漸發展起來的時期，許多來自外縣市的廉價勞工在此落腳、建造倉庫，才漸漸形成這個聚落❸。

社區的建築物大多是老舊韓屋，沒有經過太多的維護，總是有需要時才配合需求進行修繕。偶爾會看見將一些碎木板和石板簡陋地綁起來，覆蓋在幾乎已經完全倒塌的木造建築上，並簡單地將住址寫在木板上頭的房子。貼在牆上補破洞的薄鐵板，早已生鏽、穿孔。

較低矮的改良式韓屋或石板房的屋頂，覆蓋著多少還能遮風擋雨的帳篷布或板子。從空中看下去，也能看見很多人將透明的板子或塑膠布，蓋在過去韓屋呈現「ㄇ」字形或「ㄈ」字形的庭院上頭，把室外庭院當成室內使用的情景。許多房子的外牆沒有油漆，甚至只是堆好磚頭就沒有再做後續處理，層層堆疊的磚頭就這麼露在外頭，宛如施工現場一般。

在這令人感到煩躁的環境中，走在路上便能清楚地注意到這些房子被當作「蟻居房」使用的標示。每一個蟻居房的入口，都會貼著一張「有不需押金的月租房」，或是在牆上以油性筆留下「有月租房↓」的記號，有些地方甚至會用較粗的筆寫下門牌號碼。

房子的玄關，放著好幾個一看就知道是區公所幫忙購置的新型滅火器，往建築物內探頭看去，會發現從每間蟻居房內延伸出來的電線糾結成一團。這些糾結的電線就在未經整理的情況下，放置了好幾十年，也暗示了一棟建築物內究竟住了多少人，但看也知道，若是這些老舊的電線走火，只靠一、兩個滅火器肯定不夠。

---

❷原書註：首爾市政府自立支援科，〈蟻居房、蟻居村、蟻居諮詢中心〉，二〇一七年九月。

❸原書註：首爾市政府自立支援科，〈蟻居房、蟻居村、蟻居諮詢中心〉，二〇一七年九月。

我們能夠清楚看見有人居住在此的痕跡。人們會在每個巷子的入口，拿保麗龍盒裝滿土種植蔬菜，這些生命在保麗龍盒裡也能成長茁壯。有些人家甚至在巷子裡擺了超過十個花盆，因為房子裡不僅沒有光線，就連讓植物生根的土地都不夠。

電線杆上貼滿了「人力事務所」的貼紙，大部分都是以體力勞動賺取日薪的居民為對象。有些人會發揮他們的ＤＩＹ能力，這些被當成蟻居房使用的建築物玄關與窗戶上頭，掛有他們自己拼成的木頭層板，層板上頭則放著石板，就像遮雨棚一樣，能夠幫蟻居房的窗戶遮風擋雨、擋太陽光。

以環境美化還是愛心義工為名前來的外地年輕人，為村子畫上的五彩壁畫十分搶眼。在與社區氛圍截然不同的超級瑪利歐圖畫上，有人留下了「有月租房」的字句。壁畫非常華麗，卻讓這條在冬天裡沒人走過的巷弄顯得更加淒涼。

「去蟻居村看看吧，看看他們的居住狀況還有安全環境。」

我的第一步就是這樣開始。上午一直在國日考試院附近採訪，上司突然指示我去蟻居村看看。為了隔天的報紙版面，我必須在短時間內寫出能夠洞悉蟻居房、考試院等弱勢族群居

俗稱「昌信洞蟻居村」的首爾鐘路區昌信洞鐘路46ga街（가길）

住現況的報導，而且還預計給我一整面的版面。

雖不知道蟻居房是什麼、在哪裡，但我只能簡短地回應「好」，然後邊走邊用手機搜尋「蟻居村」「蜂窩房」「月租房」（不用押金的旅館房間），但始終找不到明確的答案。因為是星期天，我也找不到公家機關或蟻居諮詢中心，這讓我越來越焦慮。我隨意走進一間鐘路銀樓街附近的破爛旅館卻碰了釘子，然後打電話到「只提供睡覺的房間」傳單上的號碼詢問，最後在不小心走錯的巷子裡找到了昌信洞蟻居村。

首爾鐘路區鐘路46ga街（가길），不知門路的人必須在智慧型手機的地圖上輸入地址，並想盡辦法用手指把地圖放到最大，才能在這個舊市中心找到這條落後的巷子。一條巷子裡有五棟建築物掛著以相同字體寫著的「○○旅宿」，這令人感到十分奇特。開門後微微探頭進去，便能看見以走廊為中心延伸的「蟻居房」，以類似蜂窩的型態緊緊相依。那是一個絕對不歡迎年輕女性的陰森空間，我的背脊冒著冷汗，反而還擔心在這裡遇到人，偶爾竄出的貓更令我心驚膽跳。不過我並沒有屈服於心中的恐懼，而是在大衣外頭穿上雨衣阻擋毛毛雨，同時一手拿著手機、另一手拿著筆記本，徘徊在這令我不明所以的社區中。

雖然冬天還沒真正來臨，但蟻居房的門卻用門縫紙封得密不透風，我在那裡等著其中一扇正好打開。

這時我看見蟻居村中唯一亮著燈，看起來有人的「S超市」。與其說是超市，更像是一間販賣香菸的小雜貨店。這個有如社區交流中心的超市前面，雖然放了好幾張椅子，但在初冬時分卻一點用處也沒有。

我推開鐵製的拉門，不過三坪的空間裡充斥著長年滯銷的庫存所發出的霉味。超市老闆的家當以及要賣給客人的物品，隨意擺放在鐵架上，能夠販售的商品大致只有香菸、飲料與幾種餅乾而已。

我不顧三七二十一對老闆喊了聲「阿姨」，假裝自己很友善。

「您好，我是韓國日報的記者，我願意用比較貴的價錢買維他命飲料，您能不能介紹一位居民給我認識？」

正坐在角落地板上餵孫女們吃晚餐的六十多歲超市老闆崔美子（假名，六十二歲）女士，急忙穿上拖鞋走出來。她帶著滿臉的笑容，抱起裝著十瓶維他命飲料的箱子，走向我這個在幾乎沒有生意會上門的時間點闖入的客人。

「我認識一個人，這些飲料要一百五十元……」

在這間不知道能不能刷卡結帳的小店裡，我急忙掏出三百元買下原價一百五十元的飲料，超市老闆帶著發了一筆橫財的表情，毫不猶豫地帶我走向對面破爛的雙層建築，我感覺自己像獲得了千軍萬馬。

灰色的鐵製大門發出「嘰咿」的聲音，聲音聽起來不太悅耳，也不知道這扇門是否能如實盡到阻絕外人進入的責任。這是有好幾位居民同住的蟻居建築，玄關門沒有鎖上，能夠自由地進出，天氣不冷時門會敞開，而在玄關門緊閉的冬天，只會讓蟻居房裡的人更失去活動力。

大部分的蟻居房，都是將庭院或暴露在戶外的空間，用透明浪板蓋起來充當室內使用，有些房間還會蓋上卡車用的帆布，這是希望多少能阻擋一點寒氣，也是用最便宜的方式打造「室內環境」的權宜之計。崔女士帶我走入的這棟房子總共有兩層樓，看就知道是落成至少有五十年的老舊房屋，二樓也有蟻居房，兩層樓加起來共有十一個房間，但外頭吹來的風卻只靠二樓屋頂的浪板和老舊布簾阻擋。

一開門就能看見與室外無異的環境，暴露在外的水龍頭正不斷滴著水，通往二樓的樓梯又窄、又黑、又陡，旁邊有個難以讓一個人容身的空間放著一個蹲式馬桶，而這也是被居民稱為「廁所」的空間，即使是冬天，仍能夠聞到濃濃的尿騷味。

對面的空間則是簡陋的盥洗室。孤零零地擺在地上的紫紅色橡膠水桶裡，裝了滿滿的自來水。豬尾巴造型的攜帶式電熱水器漂浮在上頭，但也只能避免裡頭的水在零下的天氣結冰而已。這種能夠瞬間把水加熱的攜帶式電熱水器，主要是給農村畜牧、長期在海上作業的遠洋漁船使用。把手放進水裡，才發現裡頭的水只能維持在微溫的程度，如果體格不夠強壯，冬天實在無法用這種溫度的水洗澡，我甚至不知道這樣的盥洗室能不能讓蟻居房的居民在裡頭洗碗。

冰冷的深灰色水泥走廊兩側，有五、六扇門並排，但因為害怕任何一點冷空氣進入室內，所以每一扇門都緊緊關上，我們只能從微弱的電視聲音，得知裡頭的確有人居住。燈光從老舊扭曲的門縫中洩漏出來，崔女士直接走到走廊最後面左邊的房間，問也沒問就逕自開了門，彷彿回到自己家一樣。

不過一・五坪的房間裡，有兩名六十多歲的男性坐在電熱毯上看電視。雖然在室內，但兩人卻穿著冬天的外套，手插在口袋裡盤腿坐著。

崔女士之所以這麼粗魯，是因為跟房間的主人朴善基（六十二歲）先生一起坐在裡面的，就是崔女士的先生鄭哲煥（假名，六十四歲）先生。冬天沒工作的時候，他就會在太太經營的超市裡幫忙打雜，現在則是和已經成為朋友的朴先生一起打發時間。

「您好，我想請問幾個問題……您知道幾天前清溪川旁邊的考試院失火嗎？如果遇到這種情況，您怎麼想？」

我以生硬的問題展開這場對話，這是「需要立即寫出一篇報導」的提問，我很著急，也只想聽到合適的答案就拍拍屁股走人。我沒有打算進到屋內，而是靠在門邊，用智慧型手機記錄朴先生的回答。

「唉唷，很難過啊，看到新聞的時候覺得很不好受，這裡失火的話我們應該都會死吧？」

「這裡面有灑水器嗎？」

「蟻居房哪有那種東西，失火大家都會死啦，我在這裡住超過二十年，遇過好幾次火災，但從來沒人報導過，不久前上面的社區才失火。」

「為什麼會失火？那裡的人平安嗎？」

「不知道為什麼……應該是煮泡麵不小心吧。我們都用卡式瓦斯爐煮飯，但最近天氣太冷，連卡式瓦斯爐都不能用就是了。房間裡面會失火的只有電熱毯而已，不知道是不是因為沒把電熱毯關掉。」

「你們沒有暖爐之類的嗎？」

「蟻居房的租金有包水電，但房東怎麼可能隨便讓我們用？暖爐這種東西很耗電，當然不讓我們用嘍，我這間房間連個像樣的窗戶都沒有，要是失火應該就會死在這裡吧。」

「滅火器呢？」

「都放在入口跟走廊，來做消防檢查的時候會分給我們……」

我們好像談了二十分鐘左右，那些問題都生硬又直接，因為不太方便拿出筆記型電腦，所以我只有努力把得到的回答記在智慧型手機裡。一直到那時，我關心的都還只有他的人生有多麼悲慘、這個環境有多麼惡劣，以及房間有多小、冷起來會有多冷、是否曾經目擊過火災、對考試院居民之死有什麼看法、有多麼害怕即將來臨的冬天、該如何維繫生計、房租是否會讓他負擔不起、會不會覺得孤單、想不想住在正常的房子裡等等。

「看到考試院失火，你應該有很多感觸吧？」

「小姐，老實說我覺得考試院居民的情況比我們好很多，我們要是沒有錢就只能露宿街頭，所以我真的很怕變老，妳來這裡坐。」

朴先生邀請我坐在電熱毯的角落，面對久違的客人，他看起來非常開心，甚至把自己遠在菲律賓的嫂嫂的照片，拿出來給我這個素昧平生的人觀賞。我沒有冷漠到能夠達成採訪目的就離開，於是便進到房間裡關上了門。在這個只能勉強讓一個人躺下的房間裡，我們三個人緊靠著彼此坐在一起，他把最溫暖的位置讓給我。

一直聽著他說話的我，突然注意到眼前有幾本書放在那裡，朴先生說是從街上撿來的。我的視線停留在其中一本書上，書名是《貧窮的時代：大韓民國城市貧民是如何生活》，這也使我更好奇朴先生究竟過著怎樣的人生，竟讓他會想從街上把這本書撿回來。有這麼多書被丟在街頭，他為什麼會選擇撿這本書回來？是因為跟自己的故事很像嗎？還是好奇其他人過著怎樣的生活？或者是想問自己為何必須過著貧窮的生活？

作者在書中如此定義「城市貧民」：「城市貧民雖然擁有工作能力，也是有工作意願的『經濟活動人口』，但在當前的社會結構之下，他們是只能徘徊在勞動薪資體系邊緣的一群人。[4]」無論他們如何努力工作，都無法擺脫貧窮。尚未把書讀完的朴先生，看到這樣的定義時究竟是怎樣的心情？書的主人根本什麼都沒說，但我卻先在意了起來。

「總之很謝謝你跟我說這些，我會努力把你的故事放進報導當中。」

這是為採訪畫下句點時常說的台詞，雖然都是一些我無法負責的話，但還是習慣性地脫口而出。我結束與朴先生的短暫對話，自然地站起身，與他寒暄幾句後離開蟻居房。那一瞬間，我突然產生強烈的罪惡感，其實我根本做不到任何事，我也不敢保證這篇報導能夠改變世界。

但完成了被賦予的任務，我的心情還是很輕鬆，我完成了「一人份」的勞動。輕快的腳步帶著沉重的身軀返家，這時通訊軟體的提示音又突然響個不停。某經濟報刊獨家報導國日考試院的產權持有人，是韓國疫苗公司的董事長夏昌華（音譯）家族❺，這個消息使記者群組吵成一團。該篇報導指出，三年前國日考試院被選為自動灑水器安裝計畫的對象之一，但最後卻在產權持有人的反對之下無疾而終，如今報導揭露因此事引發各界爭議的人就是夏董事長兄妹❻，而這對兄妹居住的地方，是韓國最昂貴的富豪社區——狎鷗亭現代公寓與道谷洞

❹原書註：崔仁基，《貧窮時代：大韓民國城市貧民的生活》，東方出版，二〇一一年。
❺原書註：每日經濟新聞，〈鐘路考試院所有人是⋯砷檢測疫苗進口公司夏昌華〉，二〇一八年十一月十一日。
❻原書註：今年三月，首爾鐘路警察局以業務過失致死罪的嫌疑，將考試院院長移送地檢署。最初起火地點 301 號的住戶，則在調查過程中因癌疾肺癌去世。警方認為建築物所有人兄妹無任何嫌疑。

的一處公寓。

居住在江南富豪社區裡的有錢人，透過不動產「不勞而獲」已經不是新聞，但他們的觸角伸入鐘路國日考試院這樣的地方，使得被情勢逼得走投無路的人，都必須在他們的影響力之下生存這一點，實在令人難以置信。我心中突然產生一股陌生的情緒，突然升起一股「這個世界真的可以這樣嗎」「究竟是從哪裡開始出錯」的怒火，腦海中同時浮現今天從早到晚見到的許多城市貧民的臉孔。李明道、洪阿某……以及朴善基。我覺得自己在這短短的二十四小時之內，見證所有串連整個社會，大小不一的剝削情景。

住在要價上千萬元豪宅中的富豪，持有一棟位在鐘路的破爛建築，而那棟建築物名義上叫做「考試院」，實際上是相當於「城市蟻居房」的雞舍。裡頭的居民沒有正常的工作，只能靠人力仲介想盡辦法湊足每個月的租金，他們所付出的錢流進狎鷗亭的現代公寓、流進道谷洞大廈廣場旁的高級公寓。住在那些公寓裡的人，與這些考試院居民之間隔著寬廣且深不可測的漢江，使得居民的貧困、一邊叫罵一邊苟延殘喘的人生，都無法傳遞、無法被看見。我的太陽穴隱隱作痛。

雖然偶然與朴先生相遇，並透過採訪聽他分享一些事，但其實我也只是用價值三百元的飲料買下他的時間（更準確地說，這筆錢是付給超市老闆娘）。他說：「二十年來房租都沒有漲太多，一直讓我住在這裡的超市老闆夫妻真的是好人，現在也跟他們變成朋友了。」

但同時我也在想，「這對經營超市的夫妻，會不會也是令這小小的剝削齒輪能夠持續運作的共犯之一」。他們不僅靠這些連暖氣都沒有的老舊房間，每個月獲得將近六萬元的收入，甚至只為了三百元便積極地將在這裡居住了二十年，現在已經像朋友的朴先生的貧窮與私生活，展示在陌生人面前。不知情的朴先生將電熱毯最溫暖的地方讓給我、掏心掏肺地講述個人故事，甚至還將家人的照片拿給我看。我覺得這三百元直接拿給朴先生或許還會更有幫助，但同時也覺得這是擁有資本的人，或者說是擁有人脈的人（掮客）應當獲得的報酬。我開始有點理解為何世界總是不斷榨取一無所有的人，並讓已經不愁吃穿的人能夠繼續累積財富、繼續剝削他人。

當然，一直到這個時候，我都還以為超市的崔老闆，就是這蟻居建築的實際持有者。

二〇一九年五月二日下午，首爾鐘路區昌信洞蟻居村巷弄一角

活人住的棺木，蟻居房

蟻居房：將一個房間隔成一次能讓一、兩個人進去的空間後形成的房間。通常大小為三平方公尺，多以不需要押金、每月收取月租的方式營運[7]。

讓一個人能過得像人的房子該是什麼樣子？這是一個非得一次有好幾個無親無故的人、接受政府補助的貧困人士在失火的老舊考試院喪命，才會使這個問題得到各界關注的世界。試著想像蟻居房失火，有一、兩名居民受傷，肯定連網路新聞都不會報導，而這就是這個無情城市的真相。但若有特定地區出現「利多」，就會有人拿著上百萬元的現金，不遠千里地去投資，而且這些不動產持有人一旦遇到不得不放棄土地的情況，即便只是零碎的土地，肯定也會想盡辦法完善地處理，而這些人其實就是我們的鄰居，他們甚至不曾思考過「能過得像個人的房子」是怎樣的房子。

令人意外的是，韓國的法律當中，有明文規定讓人類能維持基本尊嚴與日常生活的「最

---

[7] 原書註：《標準國語大辭典》之定義。

截至二〇一九年已在首爾龍山區東子洞蟻居村居住二十年的李女士，因甚囂塵上的都市開發消息感到害怕。這是因爲她曾經在幾年前的都市開發熱潮當中，被屋主用一句「搬走」從原本居住的蟻居房裡趕出去。她只好打包自己爲數不多的家當重新找地方落腳，七年前她找到的落腳處，便是距離原本住處不遠的另外一個蟻居房。不過三・三平方公尺（一坪）的蟻居房裡，李女士正看著電視。用一般的鏡頭實在無法將蟻居房的狹窄空間完全拍下來，必須使用廣角鏡頭拍攝，所以照片的邊緣才會扭曲變形。

低居住標準」。根據居住基本法規定，一人家庭的最低居住標準為「面積十四平方公尺（約四・二四坪），有廚房、專用洗手間與沐浴設施」。二〇一五年制定的這條法律明文規定「幫助國民遠離生理與社會的威脅，保障國民在舒適且安全的居住環境，過著符合人類標準居住生活的權利」，也是首次將國民的居住權益納入法律規範當中。意思是說，「即使有塊地板能夠躺下、有空間能夠遮風避雨，也不能說是足以讓人類生活的空間」，不過這些高貴又有威嚴的文字，卻無法觸及如今身處金字塔底層的蟻居房。

在「最後的居住底線」蟻居房面前，最低居住標準毫無用武之地。蟻居房不算房屋，被歸類在非住宅的範圍內，無論是法律還是政策，都沒有對其做出明確定義。我們難以在國家統計報告中，找到「蟻居房」這個名詞，政府部門與地方自治政府，只有在必要的時候才會為蟻居房下額外的定義。保健福利部形容蟻居房是「不需要一定金額的押金，僅需支付月租或日租，面積在〇・五至二坪（一・五至六・六一平方公尺）左右，沒有廚房、盥洗室、化妝間等設施的居住空間」，整體來看，這算是滿具體的定義。

由於定義不明確，所以蟻居房一直處在法律的死角地帶。出租蟻居房的行為既不屬於旅宿業，也不算是租賃業，所以無法獲得「公共衛生管理法」或「房屋租賃者保護法」的保護。除了部分過去曾作為旅館・旅社使用，後來改為蟻居房的建築物之外，大多數都是「沒有許可的旅宿業」，敦義洞蟻居村管理者更大言不慚地表示「這一區的蟻居房全部都沒有許可」。

光是首爾，就有三千兩百九十六人[8]居住在這種沒有標準可判斷是合法還是非法，處在模糊地帶的空間裡，而專家認為還有更多蟻居房未被納入調查範圍，像是九老區加里峰洞、東大門區典農洞都有蟻居房，但首爾市政府調查的對象只有鐘路區敦義洞、昌信洞、龍山區東子洞（含南大門五街）、永登浦區永登浦洞而已。

只要清除蟻居房，這些問題就會迎刃而解嗎？不，我們應該問一個更根本的問題：蟻居房是否非清除不可？對再退一步就必須流落街頭的居住貧民來說，蟻居房是能夠避免餐風露宿的「防波堤」。

「不需押金，只要日租金就能入住的蟻居房，確實也是被用來避免人們流落街頭的設施。一九七〇年代美國便大舉拆除類似蟻居房的居住資源SRO（single room occupancy），使得無家可歸的人口大幅增加。」（金善美，首爾城北居住福利中心長）

由於城市居住費用不斷攀升，現在蟻居房已經不夠，於是堪稱「現代版蟻居房」的考試院也加入這個行列。居住在板間房、塑膠布溫室、月租房（旅館、旅社的月租套房）、考試院、蟻居房等非住宅的人口急遽增加。截至二〇一五年，共有三十九萬三千七百九十二戶[9]居住在非住宅當中，十年前的二〇〇五年僅有五萬七千零六十六戶，戶數在這十年間足足增加了將近七倍，據推測其中有百分之八十一・九的住戶居住在蟻居村和考試院。

韓國城市研究所所長崔恩英表示：「受到二〇〇七年至二〇〇九年全球金融危機的影響，城市貧民的自救方法便是搬進蟻居房，這是全球各國都有的現象，但卻沒有一個地方像韓國這樣有爆發性的成長。二〇一七年國土交通部除了調查有多少人居住在『住宅以外的居所』之外，也同時詢問調查對象『是否認為自己住的地方是蟻居房』，而全國共有七萬多戶回答『認為自己居住在蟻居房』。蟻居房、蜂巢房、月租房、考試院等變形的出租房間越來越多，中央主管機關掌握其規模，並在政策上做出調整的速度也需要加快。」

許多分析指出，過去「離村向都」型的蟻居房和現代的蟻居房在形式上截然不同，首

---

[8] 原書註：首爾市政府，二〇一八年首爾市蟻居房密集區建築物現況暨住戶現況調查結果報告。
[9] 原書註：國家統計廳，〈人口住宅總調查〉。

爾大學地理學系金容昌教授表示：「現代的蟻居房是在貧富差距日益擴大的情況下，政府推行新自由主義政策的結果，將這些惡劣的居住環境納入政策的範圍當中，是國家應盡的義務。」

「金融危機之後，貧民為自救只能搬入蟻居房是全球現象，法國、西班牙、澳洲都有，中國北京居住在溫暖人孔蓋底下的『井底人』震驚世界，就連有著適當居住資源與規範的英國倫敦，都有許多生活在泰晤士河上的船屋族（houseboat）。建立不同類型的租賃住宅與共享住宅固然重要，但為了連這些地方都住不起的弱勢階層，是不是需要『最後的住宅政策』？」

朴先生的蟻居房

那間房間有味道，並不是潮濕的霉味，也不是因骯髒而令人瞬間皺眉的汗味，而是太久沒有清洗的棉夾克所發出的酸腐味，是下雨時地鐵一號線的棉布椅會發出的味道，是即使屋內放了由鄰近幫助蟻居村居民自立的「蟻居諮詢中心」所做的「石膏芳香劑」，仍無法掩蓋的獨居老男人味，是令人生厭的貧窮味，是都市貧民的味道，更是孤獨的味道。

那是一間只能勉強躺一個人的房間，不過老實的朴先生仍舊將整個房間整理得井井有條。裡頭放著一組剛好與房間一樣寬的鐵製雙層床架，上鋪以滿滿的雜物取代床墊，物品數量可從微微向下凹陷的模樣推測出來。

這窄小的房間裡不只有堆放東西，還「掛了」很多東西。上鋪原本用來支撐床墊的鐵網上掛了許多S形鉤環，物品就這麼搖搖晃晃地掛在上頭。其中有石膏芳香劑、黑色塑膠袋、拉鍊收納包等等，各種USB電線也打了個結掛在鉤環上。伸手可及的地方則掛了方便清除灰塵的「小膠黏拖把」，坐在房間時伸手就能拿到的位置則掛了鑰匙、剪刀等生活雜物。

朴先生將原本上鋪的木板拆下來做成一個「電視櫃」，用來放置微波爐、礦泉水、電煮壺、收納抽屜等。只有一個狹窄平面的蟻居房，朴先生卻利用層板與床鋪硬是隔成一樓、二樓、三樓，分層收納放置物品。堆放在房間各個角落的物品，實在無法分辨究竟只是隨手堆放在那裡，還是所謂的亂中有序，但以朴先生勤勞的個性來看，這些物品擺放的位置應該都有它們的用意。

光是床架就已經占據了房間的一半，朴先生將電熱毯鋪在另一半空出來的地方並蓋上棉被，這樣就有勉強能讓兩個人坐下的空間。雖然房間只足夠讓一個人躺下，但朴先生卻足足在這裡生活了超過二十年。無法收納的東西有裝在黃色信封袋裡的即溶咖啡、飽受風霜的電煮壺、殺蟲劑、各種藥袋，他只能在每晚要睡覺時將這些物品推到一旁，清出個空間讓自己躺下。

開電視轉電影頻道來看是他在房間裡唯一的樂趣，為了因應天氣太過寒冷而無法外出的日子，他不吝嗇將錢投資在電視上，他為這台二十吋左右的電視螢幕裝設了有線電視。而那台老舊泛黃到實在很難想像是被政府分類為「白色家電」的微波爐，則是朴先生為求三餐溫飽不可或缺的物品，一方面是因為他吃得起的食物大多都是「微波食品」，一方面也是因為在房間裡不方便做飯，用這種速食來果腹反而更簡便。當然，大部分的家電和電器用品都是從街上撿來的，或是在蟻居諮詢中心幫助之下補足。

「小姐，妳過得好嗎？」

我一大早忽然出現在他的房門外，朴先生一臉驚訝地拉了拉褲頭。我想讓他慌張的並不是他沒穿好褲子，而是因為沒想到同一位記者居然會在事隔一個月後再度造訪。有點猶疑的他，尷尬地摸了摸自己的後腦勺請我進房。朴先生的房間位在整棟建築物的最角落，雖然我闖入對他來說非常私人的空間，但對幾乎沒有訪客的蟻居村居民來說，這樣的無禮卻也令他們感到愉快。

「好久不見，怎麼回事？來採訪過的記者很少會再回來……」

房門一開就有白色的煙霧向外湧出，房裡的微波爐與電煮壺正在運轉。我們畢竟已經有過一面之緣，於是我一邊走進房裡，一邊開玩笑地叮嚀他：「大叔，要是失火怎麼辦，怎麼可以在房間裡抽菸？」朴先生尷尬地笑著回說：「天氣太冷了，真的沒辦法。」我用手揮了揮房內繚繞的煙霧，一屁股坐在電熱毯上。當然，我的到訪是有目的的，我需要從他這裡取得證詞，二〇一八年十二月九日是「當年冬天最寒冷的一天」，而我的拜訪自然是為了寫「寒流中的蟻居村」這篇報導。

朴先生的臉上並沒有喜悅的神色，而是帶著病懨懨的面容，即使藍色上衣外頭穿著淺綠色的背心、裹著厚重的超細纖維被仍不斷咳嗽。電視螢幕旁邊放了寫有「咳嗽感冒藥」幾個大字的藥袋，或許是他已經吃掉了很多包藥，那個藥袋看起來空空如也。

「房間裡面怎麼會這麼冷？」

我與大叔對看，手不斷摸著地板，卻完全感覺不到任何一點溫度，整個地板都是冰冷的。冷冽的風從拉門的縫隙不斷滲入，即使人在室內，開口說話時仍不斷冒出白煙。

「您感冒了嗎？」

「已經病了好幾個禮拜，有去過醫院，也打過針，該做的都做了但就是沒好，住在這裡就是每年都會生病，我已經習慣了。天氣太冷我只能待在房間裡，這樣當然會生病。」

「您說您在這裡住了二十年，之前有遇過這麼冷的冬天嗎？」

「其實也不是沒有暖氣，之前也曾經會開暖氣，但十年前油價上漲之後就不開暖氣給我們用了。十年來都沒開過，應該早就故障了吧。」

「您都沒有要求他們開暖氣嗎？」

「如果因為天氣冷去要求開暖氣，他們卻說要漲房租的話怎麼辦？再不然就是屋主不開心把我趕出去，那不就糟了嗎？十年前我五十幾歲，身體還算健康，就覺得與其說些不中聽的話被趕出去，不如把自己包緊緊來對抗寒冷比較實際。」

「可是……再怎麼說也太過分了，上次您不是說他們也不准您使用暖爐嗎？」

「所以每天早上起來我的鼻子都會塞住。」

「那洗澡要怎麼處理？」

「前面一百公尺的地方有一個地方叫『墊腳石之家』，那裡有公共洗衣房和浴室，而且有熱水，所以我常去那裡洗澡。之前每天都會去洗，但像今天這種又冷又病的時候，就會乾脆不洗直接待在房間裡，洗好回來的路上只會覺得整個人快要凍僵了。」

當前的情景、對話、真相都非常適合寫成報導，但我拿著筆的手卻一動也不動。看著坐起身來的朴先生，我忍不住開口問「從什麼時候開始生病」「有沒有去醫院」。

我也不清楚急著為報導收尾的態度為何說變就變，但我當下只覺得他貧窮又可憐、努力撐過悽慘的生活，實在不想這樣消費他。國日考試院火災之後，見證我們社會大大小小的剝削問題，我還能夠從歷史、階級、結構的角度來剖析他這個人嗎？蟻居村居民身處社會穩固金字塔的最底層，為了不要被擠到金字塔之外，他們苦撐著想延長自己的人生；使他們陷入貧窮的並不是他們自己，而是有人使他們變得貧窮，於是他們只好貧窮地老去。

「我肩膀痛，天氣又很冷，幾乎無法出去工作，這是我最擔心的事情。我真的很討厭冬天，天氣冷是一回事，最重要的是冬天不會施工，也沒什麼工作可做。到工地現場當木工拿到的日薪是一般雜工的兩倍，但我現在也沒得挑了。等春天一來，我就要立刻到人力仲介所去找事來做，就算是雜工也沒關係。」

朴先生臉上滿是擔憂，無法只用天氣冷、生病、無法工作等簡單的理由說明背後的原因。因為疼痛的關係，我們談話過程中他一直摸著肩膀，而那一個月房租從六千三百元漲到七千二百元，整整漲了將近一千元，雖然對某些人來說這不過是一千元，但對蟻居村的居民來說，卻是超過百分之十的漲幅。

而且他所拿到的居住補助（基本生活補助）是六千元，到了二〇二〇年會增加到六千六百元，但房東的房租漲幅卻比居住補助更高。上個月的月租也因為無法出去工作而拖欠，他只能拖著不適的身體在社區裡幫忙打雜，賺錢補貼一點收入。

「社區的大家還是很照顧我，車站旁邊的包包店要關門時我有去幫忙，賺了一點零用錢。一星期去四天，可以拿到一千五百元。幸好夏天蟻居諮詢中心介紹了一個工作給我，賺了大概兩萬元，等那筆錢進來，十六日交租那天就可以連拖欠的房租一起付清，雖然之後的日子還不知道該怎麼辦……」

「這種房間房東怎麼能夠收那麼多錢？又不給暖氣，也不幫忙修繕，七千二百元是怎麼回事？這樣二十年下來房東少說也賺了上百萬元。」

「就是說啊，我剛來這裡的時候房租是一個月四千八百元呢，最近突然漲很多。」

「房東是上次看到的超市老闆娘嗎？她跟你們一起住在這裡嗎？她看你們過這種生活也沒說什麼嗎？」

「不，他們是我們這棟建築物的管理者，只是代替房東收租、管理空房間……相對地他們也不用交房租。房東住在別的地方，應該只有收租金的時候才會來。」

我想起一個月前，開心地將維他命飲料抱在懷裡，領我來到這間房間的超市老闆娘。因為房子外頭貼著「有月租房，請洽S超市」，所以我一直以為她是房東，真的做夢也沒有想到房東另有其人，她只是「代管人」而已。

「你知道房東是誰嗎？」

「房東沒來看過我們，住在這裡的時候只有一次疑似看到他而已，那次有看到他的媳婦為了收月租在巷子裡走來走去。不過這裡本來就不大，所以我大概有聽說房東是怎樣的人。」

我已經忘記要截稿的事，由於潛藏在心中的好奇心被勾起，便開始提出各式各樣的問題。越聽朴先生的回答，整件事便越讓我覺得神奇。一個月一次，只有在房東的媳婦來收月租時才會看到房東的家人，他們從來沒見過蟻居房的真正擁有者。對方不直接來收租，每棟建築物都有「代管人」，這是前所未見的情況，是蟻居村不曾向外界透露的運作原理。

「房東是誰？他是怎樣的人？」

「其實這條巷子的蟻居建築都是我們房東的，他們一家人賺了錢之後，在附近的車站旁蓋了一棟大樓。」

「房東」這個字眼像玻璃碎片一樣插進我的腦海，不，我覺得自己的腦袋像被人用槌子重擊，我目瞪口呆。當時我因為房間裡令人難以置信的寒冷而縮著身體，但聽見朴先生這一句話，卻令我整個人坐直了起來。我突然覺得看待蟻居村的觀點、對貧困的煩惱都應該要從頭開始抽絲剝繭才對。

重要的不是「場景」，而是「結構」，我為什麼沒先想到這點就開始寫新聞？驚訝、難過、茫然，所有的情緒瞬間湧上心頭。最重要的是，不是長期待在這個生活圈裡的人難以察覺這些事情，若不是內部人士，便難以點出問題核心。

只要稍微環顧四周，就能發現蟻居房並不是一個人能「過得像個人」的空間。這個勉強只能讓一個人躺下的空間裡，既沒有暖爐，更沒有暖氣，公共水龍頭只有冷水。住在其他地方的房東不僅不在乎安全，更沒盡到基本的修繕義務，僅靠行政當局用人民的稅金做簡單的修繕，以及附近教會或蟻居諮詢中心伸出的溫暖援手，勉強建立起這個能讓人住的地方。住進這個地方的人，以每個月六千五百元（首爾市平均）的代價換取免於流落街頭的處境[10]。這棟接近廢棄的建築物由政府拿稅金修繕，居民的居住面積與月租比例，甚至是江南塔樓廣場公寓月租金的好幾倍。我直覺地認為這種靠著租金蓋大樓，讓自己越來越有錢的荒唐事情，絕對不只發生在昌信洞。

---

[10] 原書註：首爾市政府，二〇一八年首爾市蟻居房密集區建築物現況暨住戶現況調查結果報告。

蟻居村的貧困經濟

姜氏一家

我不記得自己究竟重複同樣的動作有多久，但整個凌晨我都在筆記型電腦裡輸入資訊，與我要查找的內容搏鬥。跟朴先生見完面當天，我雖然躺上床準備睡覺，但心臟卻跳個不停，幾乎整晚睜著眼沒睡。大約凌晨一點的時候，我思緒清晰地開始數羊，甚至還播放冥想音樂催促自己入睡。難以入睡的原因不僅是因為蟻居村難以想像的生態系統令我憤怒，同時也是因為遇到了身為記者，肯定都想深入挖掘的「好題材」而激動不已。

最後我決定丟開棉被打開電腦，我只想確定一件事。「其實這條巷子的蟻居建築都是我們房東的，他們一家人賺了錢之後，在附近的車站旁蓋了一棟大樓。」這句話在我耳邊嗡嗡作響，如果能找到這句話的證據，那我或許就能放心地去睡覺。

我沒去計算這件事究竟要花多久時間，只是為了揭開「我們房東」的真面目，先去查閱蟻居建築是登記在誰的名下。朴先生住的房子實際的持有者是「鄭善心」⓫，她是一位六十多歲的女性，雖不能說住在同個社區，但她的確就住在蟻居房附近。我開了另一個視窗打開地圖，沿著鐘路區鐘路46ga街（가길）開始整理朴先生蟻居房附近的建築物地址。就這樣查閱了鄰近十五棟建築物的登記謄本，依序將資料上能確認的持有者及其債務關係等資訊，記錄在電子表格中，整理的資訊包括建築物地址、現持有人姓名、地址、登記年分與原因等。

這艱困的工作持續到清晨，但我無論怎麼看，這將近一百筆資料都沒能提供我任何訊息。我聽見窗外傳來鳥叫聲，突然一陣無力感襲來，我意識到我跟朴先生才沒見幾次面，竟然就這麼相信他，接著開始責怪自己因為社區裡的謠言浪費一整天的時間。正當我放棄，準備蓋上螢幕之前，決定最後檢視一次耗費整個晚上整理出來的表格。

⓫原書註：蟻居村實際持有人的姓名與年紀等具體個人資訊，公開前均經過變造。

關注對象「鄭善心」僅出現在兩棟建築物的登記資料當中，她與一個叫做「姜炳善」的人，共同持有朴先生蟻居房隔壁的那棟建築物，但還不能因此判斷她積極買賣蟻居房並將其當成事業經營，利用蟻居房居民的處境從中謀取暴利。而這條巷子裡的不動產持有人，也並非如朴先生所說的那樣，全由除了鄭善心以外的另一人所持有。

我重新檢視了「S超市」的不動產登記謄本，記得朴先生是說「代為管理蟻居房，換取不必繳交店面房租」，而超市的持有人則是一九六〇年代後半出生的姜炳哲。

睡眼惺忪看著螢幕的我突然靈光一閃，我的確曾看過類似的名字。於是我重新檢視了電子表格的「持有人姓名」這一列，游標移動的速度也越來越快。

姜炳哲……姜炳哲……

姜炳善，跟鄭善心共同持有蟻居房隔壁建築的人叫做「姜炳善」。

奇怪的是，這條巷子裡有很多姓「姜」的人，由於我太執著於「同一個人持有所有的建築物」這句話，才忽略了這件事。如果原本這區域的建築物確實都由同一人持有，但某天他將這些建築物分配給子女和配偶呢？

姜氏雖然少見，但也不是什麼獨特的姓氏，所以我也無法把手上的拼圖全部硬湊在一起。不過同樣姓姜，加上名字裡第二個字都是「炳」字的人並不好找，可以推論他們可能是「兄弟」或「兄妹」。

朴先生蟻居房的持有者是鄭善心。

以朴先生的蟻居房為準，右邊的建築物持有者是鄭善心與姜炳善。

朴先生蟻居房的管理者「S超市」持有者是姜炳哲。

朴先生蟻居房對面的建築物持有者是姜炳植。

再加上最近由曾經的蟻居房改為民宿的建築物由姜炳恩持有，光是資料上能看見的姜姓屋主就有四人，可以推測這四人與鄭善心應該是家人關係，而且跟這些建築物有關的普通抵押權人，其姓名也與這幾個人的名字有牽連，我加快查詢的速度。這些人主要是這一帶建築物的持有者，偶爾也會出現在鄰近社區的不動產登記資料中，主要是在一九八〇年代後期藉著買賣、贈與的形式取得建築物所有權。很可能是在那個時期，原持有人，也就是這些人的父母以贈與、繼承或家族內買賣的方式轉移所有權。

可惜的是，「不動產登記謄本」不會明確記載家人關係。明確記錄子女關係、夫妻關係等家人關係的證明，必須當事者本人才能申請。雖然我心裡已經確定蟻居房租賃幾乎是他們的家族事業，卻不能僅憑心證寫新聞。只有這點程度的證據，不僅無法拿上編輯台討論，就連我自己也無法說服自己，我需要更具體、更直接的證據，但不假思索地直闖現場也不是什麼好主意。

在尚未完美掌握所有事實的情況下，只為了「確認」去拜訪關係人的話，很可能會因為不小心說錯話而功虧一簣。雖然強大的睏意襲來，但我抱持著既然刀已經出鞘，就一定要砍中點什麼才善罷甘休的想法，積極擬定接下來的策略。

我只能花時間去找其他資料，而不動產登記謄本上的持有人「地址」是唯一剩餘的可用情報，如果他們確實是一家人，那麼很有可能住在一起，而且這也可能成為一線曙光，讓我找出是否還有其他隱藏的家人。當然，登記謄本上的持有人地址，是「登記當時」的地址，所以很有可能不是他們現在的居住地，但我也沒有其他辦法了。我將四位姜姓屋主與鄭善心的地址全部收集整理好，一發現可疑之處就記錄起來，比較其中的共通點，然後再回去翻找、整理建物權狀或謄本，又花了一晚的時間。

「首爾市鐘路區○○洞＊＊－＊＊」

或許是因為我鍥而不捨地追蹤，或是上天嘉許我的努力而賜給我幸運，再不然就是我這個出道未滿三年的菜鳥記者，多少還是有著一點身為記者的直覺，經過多次的搜尋、分類、篩選之後，我直覺認為最後找到的這個地址，肯定能夠告訴我些什麼。首先，姜姓一家人當中有好幾位的地址，都登記在昌信洞蟻居村旁的社區，而朴先生蟻居房左邊那棟建築物的持有者「崔靜子」，也同樣登記了這個地址，表示崔靜子很可能是姜氏家族的成員。

我已經可以聽到上班族出門與公車來往的聲音，都做到這個地步了，如果還找不到任何線索，那就真的很委屈。其實我很清楚，這個地址絕對是關鍵。我有強力的心證，只要能掌握明確的證據，就能夠展開一擊斃命的採訪。我帶著迫切的心情，最後一次閱覽整理好的建物所有權狀與不動產登記謄本。

姜炳善、姜炳植、姜炳哲、姜炳潤、姜炳延、姜炳恩。

有一棟一九九六年取得建築許可，位於地鐵站附近，地下一層、地上五層的建築物。這感情深厚的一家人，搜刮蟻居房居民的血汗錢建造這棟大樓的建物所有權狀是我苦尋已久的資訊，但親眼見證時仍令我難以置信。

高興只是一時的，我很快陷入一種淒涼的感受中。隨著首爾的居住費用越來越高，我們已經熟悉許多人漸漸變成以「地頂考」（地下室、頂樓加蓋、考試院）為家的弱勢階層，沒想到竟然有人以「家族事業」的方式，經營距離餐風宿露只有一步之遙，堪稱最惡劣居住環境的蟻居房出租事業，我感覺自己彷彿看見資本主義出了問題、病入膏肓的真面目。他們藉由目前仍作為蟻居房使用的五棟建築物賺進的金額，經過我的推測應該相當於每個月四十萬元（以每棟建築物平均的蟻居房數量乘以平均月租）的現金收入。

朴先生說的話沒錯，蟻居房是他們一家人的「家族事業」。

找到第一塊拼圖之後，接下來的採訪有將近一個月的時間原地踏步。每天排山倒海而來的工作，讓我無法擠出任何一點時間進行調查，我實在不知道自己何時能夠打開那個在我心中，處在第一優先順位的抽屜查看資料，一方面也是因為我找到的線索實在太小，無法讓我真正踏出採訪的第一步。

若以調查機關的調查程序來比喻，那就是一個月前的深夜，我使勁挖出了姜氏一家的蟻居房持有關係，但那只不過是一種「內部調查」，也就是聽到一些線報，然後先試試水溫，看是否能夠深入調查而已。找到那棟大樓時確實讓我大大鬆了口氣，但這還不足以拿來寫成新聞，因為這不過是其中一個案例，要揭發整個結構的問題，還需要更縝密的設計、更多的線索。

而機會真的就是非常偶然地、以意外的形式來到我身邊。在年底的尾牙聚餐上，我從一位市民團體的相關人士那裡聽聞這件事：

「我前陣子和○○區的高層見面，發現他們真的很在意蟻居村的事情，那些蟻居房的持有人其實都是有錢人，要是對蟻居房的事情多說點什麼，持有人就會抱怨，如果地方自治團體想為居民做點什麼，他們就會去投訴而且拚命反對。

「如果市政府說想把建築物買下來蓋公共設施，他們絕對不會有任何怨言，但如果區公所怕像國日考試院那樣失火損失好幾條人命，要持有人多添購一些安全設備，他們就一問三不知。

「如果區公所強力要求『修繕』，可能會成為持有人的壓力，進而使他們將住戶趕走，所以區公所只好自行設置滅火器、修繕故障處，實在讓人不知道該怎麼處理。我們繳的稅最後反而讓房東得利，我見到的那位高層私底下甚至說『那些房子真的都該拆掉』。」

我沒有提起發現昌信洞蟻居村的事，卻偶然發現很多人其實都有類似的煩惱。我直覺這並不只是「昌信洞」的問題，而是所有蟻居村的問題，不，應該是社會面對貧困的腐敗態度的問題。既然要處理，就必須把患部整個清除乾淨。最重要的是這並非房東個人的問題，而是將最貧困的這群人當成商品來對待的掠奪式資本主義，以及社會竟容忍這種行為存在的問題，實在需要好好提出警告。

二〇一九年一月我離開社會新聞組，被調往可以長期採訪的「企劃採訪組」，因而開始擁有更多的時間。我一邊吃午餐一邊說：「我想找出蟻居村的實際建物持有人。」這個抱負當時聽起來有些荒謬，但組長卻積極鼓勵我，我這個剛調來不滿一個月的菜鳥記者，每天都帶著彷彿已經踢爆什麼大消息的心情，踏著輕飄飄的腳步上班。

也因此，我的注意力很自然地轉移到首爾市所有的蟻居村。我在仔細閱覽近三年來，媒體上所有和蟻居村有關的報導時（十篇裡有九篇都是特定企業的送暖行徑、政治人物造訪等，以官方新聞稿寫成的報導），發現到首爾市政府每年都會發行「首爾市蟻居房密集區建物現況暨居民現況調查結果報告」。報告超過兩百頁，內容包括仔細調查三千一百八十三名蟻居村居民（二〇一八年十二月的數據）的居住環境等調查資料。我想，首爾市應該有一份「蟻居房清單」才對。

承辦人員非常固執，他反問我記者為什麼需要「蟻居房的所有地址」，這是個很正常的問題。如果我老實回答「我想找出所有的建物實際持有人」，那麼很可能在第一個階段就會碰壁。我藉著多次要求市政府公開資料施壓，也展現持續關注「居住福利」的正義感，甚至打悲情牌，表示如果無法獲得這些地址，那我的處境將會很困難，企圖以「大家都是領人薪水的人，不要這樣刁難彼此」喚起對方的同情心，最後好不容易取得首爾市政府手上三百一十八棟蟻居建築的地址。我還問了承辦人：「首爾市政府是否曾另外針對蟻居房持有者進行調查？」承辦人員只是制式地回答說：「首爾市政府自立協助科沒有蟻居房持有者的調查資料，請見諒。」

這不過幾KB的檔案，讓我同時產生無力與滿足感，還伴隨著因「第一次做了沒有人去做的事」所產生的悸動。首爾市內的蟻居建築，究竟掌握在哪些人手上？第一次要向這個世界揭發什麼的悸動與壓力，令我幾乎要喘不過氣來。

無法擺脫的蟻居輪迴

「貧困經濟。」⑫

以貧困階層為對象的經濟行為，並非是為了幫助他們擺脫貧困而做出貢獻，而是使「貧困固著化」的產業。是一種利用部分人原本就沒錢又無處可去的處境，只關心如何以不需任何努力的非勞動所得謀取暴利、中飽私囊的經濟型態。在全球受到金融危機的打擊之下，曾經在日本出現的不景氣經濟犯罪，重新在二〇一九年的韓國蟻居村中現蹤。

在這個只有金字塔頂層的家庭、居民，才會被視為社會規範的世界，「蟻居房」只不過是用來呈現居民人生有多悲慘的「貧困素材」。我們是否曾經問過居民為了什麼住進蟻居房，為何無法離開蟻居房，為何明明有工作，貧窮卻仍然不曾離開他？為數眾多的考試院，至少曾經在司法考試廢止，年輕人不再住進考試院之後博得一些媒體版面，但蟻居村成為沒有發生「特殊悲劇」，就不會有外界人士造訪的「城市孤島」。

蟻居房必須消失嗎？在人類歷史上，「貧困」是從來不曾被解決的難題。也因為我們看待問題的角度是如此單一，最後總是只能提出「是要拆除還是要存續」這種單一面向的解決方法。蟻居房居民的悲慘人生，和利用他們賺取金錢的人必須分開來看，若從解決貧困問題的角度來看，蟻居房並非沒有效用。對沒有能力支付租金的蟻居房居民和街友來說，低廉的租金或「不需要押金」與「有彈性的合約期間」都是重要的考慮因素，但蟻居房卻需要每個月簽約，而且要每天支付日租。

露宿者行動聯盟的李東賢表示：「蟻居房和考試院都是讓人不要流落街頭的『網子』，也是讓他們能夠擺脫餐風宿露的『墊腳石』。」算是肯定部分蟻居房的功能。

「露宿者流落街頭，有辦法一夜之間去申請租房子嗎？我們的行政系統規定沒有固定的地址就無法申租公宅，也因此露宿者會為了過上『更好的生活』，為了取得地址而進入蟻居房。」

問題是利用蟻居房剝削的租賃行徑。

「我不否認蟻居房有其功能，問題是現在的蟻居村並沒有提供適合人生活的環境，房東持續剝削式的租賃行為，利用露宿者的困境謀取不法所得。處在絕對弱勢的居民，總是因為

⓬原書註：林德英，〈什麼是貧困經濟？〉，露宿者新聞，二〇一三年四月三十日。

房東或管理人可以用一句『搬出去』，就把他們掃地出門的事情感到不安。即使情況如此惡劣，蟻居房仍然供不應求，最近搬進考試院住的人甚至越來越多。」

蟻居房供不應求、考試院多到數不清，就是二〇一九年大韓民國首爾的現況。

即便如此，為了讓蟻居房發揮適當的功能，人們還是要適時地「睜一隻眼閉一隻眼」。所謂「適當的功能」，指的是即便居住空間大小未達法定標準，但只要能夠扮演適當的角色，便能讓這些每天睜眼就是忙著討生活的人，在沒有押金與合約期限的壓力之下，有一個地方能夠落腳、維持生計，每個月存個兩、三千元，期待未來能搬到更好的房子，像是正常承租月租房或申請公宅等正面功能。理論上是很好，但現實上卻幾乎找不到發揮這種功能的蟻居房，這也是為什麼現在的蟻居房無法讓人「視而不見」，而是希望能夠「徹底拆除」的原因。以二〇一八年為準，首爾市區內的蟻居房居民，平均已經在蟻居房內居住了十一・七年。

七年前，才三十多歲的年輕人李敬秀（假名，四十三歲），曾有過三年的露宿生活。他曾經待過露宿者中心，最後落腳在永登浦蟻居村。當時他手中足以支配的金額只有一萬三千元左右。房租就要七千一百元，他每個月要用剩下的五千九百元過日子。當初他在臨時收容中心待了三、四個月之後，便意識到「不能再這樣下去」，於是離開收容中心搬進蟻居房。雖然他至今仍沒有離開蟻居房，過著十分不穩定的生活，但一有了能夠喘息的空間之後，他開始會義務地為周遭的鄰居煮麵。

他的臉上滿是歷盡風霜的歲月痕跡，看起來實在不像才四十多歲。因為在街頭吃苦而掉了幾顆門牙，卻因為沒有接受適當的治療，導致他的牙齒非常不好看，這也使他看上去又老了幾歲。

二〇一九年四月，原本說好要告訴我永登浦蟻居村「貧困經濟」故事的李先生，過沒幾天就聯絡說得改在距離永登浦站有五站的地方見面。社區裡的消息總是傳得很快，在遠一點的地方見面也比較好，李先生補充。騎著自行車出現，跟我約在永登浦區一間咖啡廳碰面的李先生，開口第一句話就是「光是今年，永登浦蟻居村就死了五個人」。他告訴我具體的地名與門牌號碼，將在陰暗角落發生的各種不法行徑與暴力行為鉅細靡遺地全盤托出[13]。

[13] 原書註：本章的實際地名與門牌號碼均經過變造。

蟻居村是法律的三不管地帶，跟其他地方相比，暴力與死亡已經是當地的日常風景。

「261之1號最可惡，那棟房子的屋主也住在那裡，但我不知道他是實際的持有者還是代管人。以前那裡住了三個身障人士，他們都是領政府生活補助的人，每個月二十號吧，一到那天身障津貼、居住補貼、生活補助就會匯入帳戶，這些加總起來一個月大約三萬一千元。那個人竟然把身障人士的存摺拿走，一到入帳日就跟他們說『去領錢吧』，然後帶他們到銀行去把錢全部拿走，然後在他們面前一邊分錢一邊說『這是房租』『這是水電費』『這是伙食費』，最後只還給他們大約三千元。就我所知，永登浦蟻居村內有兩個這種人，雖然詳細的情況我不太清楚就是了。」

李先生甚至畫出明確的地圖，指出這些事情是在哪棟房子裡發生。幾天之後我去管轄的居民中心向承辦人員確認，得到的回應也相去不遠，承辦人員說：「在這個社區裡其實很常見，只是沒人揭露補助金被搶的事而已。」表示這並不是什麼大不了的事。

「妳知道更惡劣的是什麼嗎？這些人很喜歡跟殘障者來住，無論是哪個程度的殘障者，多少都能意識到自己正在被剝削。如果這些殘障者搬到附近的其他蟻居房，那些房東會想辦法打聽他們搬到哪裡，再把他們帶回去，真的是『惡霸』。我後來真的忍無可忍，就跑去警告對方說『你如果要用這種方式做租賃生意，那我就把他帶去警察局報案，請警察來協助調查』。」

最後住在同一棟蟻居建築的三位身障者當中，兩人因個人狀況住院，一位則轉到首爾站附近的街友庇護中心，才結束這彷彿沒有盡頭的剝削。

在永登浦蟻居村住了七年的李先生，認為自己已經實現某種程度的「居住提升」而自豪。該區環境最差的房間不需要押金，月租是五千七百元至七千一百元，還算可以的房間則是八千五百元至一萬元，也有一個月要價一萬一千四百元的好房間，他得意洋洋地說自己住在月租金一萬一千四百元的房間。從他當初落腳時只住得起七千一百元的房間這點看來，他在這個社區也算是最頂層的人士了。經濟較寬裕之後，他開始照顧起身邊的人，同時也觀察到蟻居村的現實，就是不斷欺壓弱者的「無法地帶」。

「當然，並不是所有的屋主都很壞，不過大多數我看到的屋主，都抱持著無論蟻居房內發生任何事，『只要可以收到租金就好』的心態。

「273之1號那一戶共有三十多個蟻居房，五千七百元的房間有五、六個，剩下都是七千一百元的房間。他們的房租不含水電費，大致計算一下一個月就能賺二十萬左右，但房子要是漏水都是住戶在修，通常收月租的房子都是屋主會修，只有傳貰[14]才是由住戶自己負責修繕，但住在月租蟻居房的人卻得自己處理漏水問題。」

永登浦蟻居村也不斷上演「貧困經濟」，出租人（不知道他們是否有正式進行租賃業登記，不過這裡的出租都不是依照標準租賃合約進行，所以蟻居房租賃業大多是以國家無法掌握的型態存在。）利用這些赤貧的弱勢族群一不小心就會流落街頭的處境，推卸自己應負的義務。對蟻居房住戶來說，最讓他們感到害怕的就是被整個世界邊緣化，因此他們無法主張法律賦予的「居住權」，只能一聲不吭、勉為其難地自己想辦法處理各種問題。

「為什麼屋主要買下蟻居房？不就是為了『賺錢』嗎？無論是街友還是誰入住都好，只要入住的是人，對屋主來說就沒問題。兩年前，有一位被關了二十年終於出獄，但卻無處可去的更生人來到我們蟻居房，他真的很可憐，坐了那麼久的牢被放出來，很難適應現在的社會，後來他持刀引發騷動，最後出動警察來鎮壓。我們好不容易鎮定下來，跟屋主抗議說要讓引發騷動的人退租，但屋主只冷冷地回答說『不高興的話你們就搬出去』。」

⑭譯註：俗稱「全租房」。韓國特有的租屋形式，房客租屋時支付房價約四分之一至三分之二不等的金額給房東作為押金，便不需要每個月繳納月租。房東可以這筆押金進行投資，房客約滿退租時可將押金全數拿回。

這些空間的條件，遠遠不及居住基本法所規範的最低居住標準，絲毫無法滿足讓人類不失尊嚴的必要條件。只能擠在一個小房間裡的可憐人，能抱持希望、相互依靠克服逆境的情況，是只有在一九九〇年代週末連續劇中才能看到的夢幻場景。對這些窮到只剩下一條命的人來說，他們只有被蟻居村放棄與被剝削這兩個選擇而已。在這個連基本人權都不被重視的空間中，貧者唯一能享有的權利只有「自殺的權利」。

「妳知道一氧化碳中毒時，喝『泡菜蘿蔔湯』最有用嗎？我本來也不知道，是來到這裡才知道的。三年前有個人在蟻居房裡意圖燒炭自殺，結果周遭的人也都一氧化碳中毒，最後大家是喝了泡菜蘿蔔湯才活過來。意圖自殺的人是個沒有手指的身障者，他的處境很悲慘，又有憂鬱症，所以才會做出這種選擇，不知道他現在是不是還好好地活著？」

在這個本就不大的社區裡，一有人死亡便會迅速引發連鎖反應，李先生說，蟻居村裡只要有一個人死，幾天之後就會再有另外一個人死、再過幾天再有人死，大家就這麼接連結束自己的生命，他覺得實在很神奇。

「現在才四月而已，就已經有五個人死了，這個蟻居村一年死掉的人大概將近十個。

「蟻居村的人沒事可做、時間很多，看起來好像都混在一起，但其實除了幾個關係比較好的人之外，大家根本不在乎隔壁的人是死是活。經常是好幾天之後聞到奇怪的味道，才發現有人已經死了，這對我們來說已經是家常便飯。」

蟻居村居民中，每四人就有一人（百分之二十七）在近一年內產生強烈的自殺念頭[15]。社會將這群貧病交加的人視為只會消費，無法付出勞力，只會對組織帶來負擔的存在，也因此他們更不容易維持心理健康。如果能維持充當社會安全網的「人際關係」，那麼至少在陷入絕望時能有人拉他們一把；但蟻居村居民當中，約有百分之七五・五都「幾乎與家人斷絕聯繫」，過去一年內，完全沒有家人或親戚造訪蟻居房來探望自己的比例則高達百分之六一・一。

若在蟻居房認識的朋友死亡，會使他們的情緒受到動搖，也會讓他們瞬間產生極端的想法。

「同樣住在蟻居房，跟我一起做義工的朋友，五年前被發現死在廁所裡。我們原本要一起參加政府舉辦的自力更生活動，但到了約好的時間卻沒有看到他，我去他房間也沒看到

[15] 原書註：首爾市政府，二〇一八年首爾市蟻居房密集區建築物現況暨住戶現況調查結果報告。

人，到廁所一看才發現他死在那裡。

「他真的很可憐，從小失去父母，過了二十年貧窮困苦的生活，才終於有機會跟父母見面，他跟姊姊還有弟弟取得聯繫、見了面，還說好那一年的春節要去給母親拜年，非常興奮。

「好不容易找到家人了，卻怕他們看到自己住在蟻居房很丟臉，所以那年很認真地參與自力更生的活動，最後卻沒能見上母親一面就離開了，他媽媽在葬禮上哭得很慘。

「即使對這些事已經習以為常的我，在他走了之後也有一整個月的時間無法振作，整天關在房間裡。大家都說住在蟻居房的人，肯定都是有他們的原因才必須住在那裡，所以必須要忍受貧窮，但說這些話的人根本不知道住在這裡的人究竟過著怎樣的人生……

「活著就像是在受罪。」他哽咽地說。

住在蟻居房

「在密閉的房間中，想法也會變得封閉。」（愛德華・卡耳）

住在蟻居房，並不只代表在僅僅一・二五坪的狹窄空間裡「躺下」而已。住在蟻居房必須努力撐著不讓自己被趕出去，能往上爬一階的機會少之又少，若有機會千萬不能猶豫，像是在受一種類似薛西弗斯式的懲罰。蟻居房是幾乎不見天日的房間，大多數居民只要進來便再也出不去。約有百分之二十八・三的蟻居房居民表示自己「在蟻居房住了十五年以上」，二〇一六至二〇一八年之間，給出這個回答的比例分別為百分之二十四・二、百分之二十六・四、百分之二十八・三，數字逐年增加當中。隨著蟻居房居民的年齡越來越大，這個比例也只會越來越高，要找到「脫離」這個地方的人並不容易。

1

「先不說搬家了，只要不要生病就好。在戶頭幾乎沒有任何存款的情況下生病，真的就是生活陷入『緊急』狀態。我要每天出去工作才有錢吃飯，但像去年冬天我有好幾個月因為肩膀受傷無法工作，結果把好不容易存下來的錢花光了。」

最先給我蟻居房「貧困經濟」這個線索的朴先生，最大的目標是在蟻居房「撐到最後」，他已經在昌信洞蟻居村同一個房間裡住了二十年。

雖然他一輩子都沒有休息過，但人生卻有三分之一的時間住在昌信洞這一・五坪的蟻居房裡。小時候他曾在老家京畿道議政府跟父親一起務農，但這對改善經濟情況沒有太大的幫助，也使得他無法上學。二十幾歲時，他在南大門市場的中國餐館從事外送工作、在廚房擦拭碗盤。一九八七年南大門市場的一間職業介紹所告訴他「海苔養殖場會提供食宿」，於是他便前往全羅道莞島，這就是他在搬進首爾鐘路區昌信洞蟻居房之前的故事。

「在海苔養殖場工作的時候真的很棒，一個月月薪是五千七百元到八千五百元不等，供吃住之外還提供香菸。在海苔養殖場工作一段時間之後，我又改到木浦的烤肉店工作兩年。」

他也曾經體驗過像棉花糖一樣甜蜜溫軟的新婚時期。他在莞島的岳母介紹下，娶了年紀相差十九歲的年輕太太。當時前妻帶著年幼的兒子嫁給朴先生，雖然分開已經十年，但朴先生依然稱前妻為「孩子的媽」，並稱沒有血緣關係的兒子是「我的孩子」，甚至還珍藏他們的照片。一九九九年五月三十一日是他們的結婚紀念日，但這段婚姻生活卻撐不過十年，在二〇〇九年畫下句點，那是「孩子」十歲的那一年。

在蟻居村鄰居無微不至的關愛之下，他們也算是過了還不錯的新婚生活。雖然房間不過一．五坪大小，但也因此有更多近距離接觸的機會，空間狹窄這件事並沒有造成太大的問題。當時他們沒想過要辦結婚典禮，只辦置了一些生活用品，他以為那句「沒關係」是前妻的真實心聲，之所以會得知前妻心裡覺得可惜，是因為她到蟻居諮詢中心去抱怨「連結婚典禮都沒辦」，也因此朴先生想盡辦法，在二〇〇五年辦了結婚典禮。

「龍山有一間全人類教會，教會幫了我很多忙，我們還拿到三星電子送的洗衣機，但蟻居房哪有地方放？所以這台雪白的家電，就放在公共空間跟其他人一起使用，後來壞掉了。我們還去雪嶽山玩了三天兩夜度蜜月，那或許就是我人生最幸福的一段時期。」

四年之後，二〇〇九年一個炎熱的夏天，他出門工作回來，發現前妻已經打包好行李在等他。相差十九歲的年輕太太丟下一句「離婚吧」讓朴先生彷彿就要崩潰，但也不能不讓她走。從還是個嬰兒就抱在懷裡疼、幫忙把屎把尿的「沒血緣的兒子」則已經十歲，村子裡的人都知道朴先生是「成天只想著兒子的傻瓜」，所以這件事對他來說真的如晴天霹靂。

離婚的失落感使他整整三個月沒走出房門，整個人窩在房間裡，也沒有出去工作，就像不曾活在這個世界上一樣。而讓他再次踏出房門的，是那些在貧窮之中仍然互相扶持的蟻居房鄰居。

「孩子離開之後，剛開始我連睡覺都會夢到他，有整整三年的時間都在思念他，後來還刻意把照片都丟掉，因為一直看就會一直想起他。鄰居們覺得這樣不行，於是開始來探望我，希望我可以振作起來。」

跟十歲的兒子分離之後，雖然不曾接過他一通電話，但偶爾還是能聽到一些兒子的近況。

「他好像讀高尺洞棒球場旁邊的什麼大學，之前我有在這社區的入口遇到他，他媽媽現在還住在蟻居村，像我們這種窮人，哪有機會離開蟻居村？雖然碰到面會很難過，但還是會聽到消息、持續見面，也只能這樣過一天算一天。」

2 ⑯

「我曾經因為幻肢痛（已經消失的臟器或四肢好像還存在一樣，會感覺到疼痛的一種病）被送去急診，因為這是保險不給付的項目，所以每次都要花一大筆錢。如果我還要償還個人債務、繳房租，那幾乎不可能存錢，不過我還是咬著牙存了六年。」

因為糖尿病併發症而雙腿截肢的李明主（假名，五十七歲）先生，蟻居房生活已邁入第十二年。他過去曾在旅社型態的蟻居房住了五年，後來又搬到半地下室的蟻居房住六年，最近才好不容易搬到位於一樓的蟻居房。雖然在這裡住了一、兩年，但他從來不曾偷懶，每個月都會償還四千八百元的債務，然後每個月存一千四百元，花了六年的時間存下將近八萬五千元。

在這種只要一個不小心，身心健康的一般人也會陷入憂鬱的惡劣環境中，他能夠堅定意志、懷抱著東山再起的夢想，都是因為「廁所」。由於無論是房間裡還是建築物內都沒有廁所，只有蟻居房前的新夢兒童公園簡易廁所，是能讓他排泄的地方，每當要解決生理需求時，他只能拖著身體爬上樓梯，離開自己居住的半地下室。若遇到下雨天，則連爬都沒辦法爬，只能想盡辦法忍著尿意，可說是毫無人權的環境。

為了能夠不在乎外頭的天氣，在有需要的時候使用洗手間，他花了六年的時間存下押金，在蟻居房生活邁入第十二年時，脫離半地下室，向上搬到月租約八千元的一樓房間。現

---

⑯原書註：韓國日報，沒有廁所的一・二五坪蟻居房…「想住在能照到陽光的房子裡」，二〇一九年五月八日。

在他可以把輪椅放在一樓，想出去的時候不需要花費太大的力氣，這讓他感到心滿意足。

這樣的他，一開始究竟為何陷入貧窮？李先生的人生軌跡當中，也有我們熟悉的傷痕，那就是「ＩＭＦ外匯危機」。

「我原本從事重型機具租借的工作，一九九七年破產後我便離開家人，開始在街頭討生活，期間甚至嘗試自殺好幾次。後來振作起來去做日薪工作，租下考試院的房間，但因為有段時間無法工作，一直拖欠房租，輾轉在考試院、桑拿房、漫畫店等地方流連，漸漸地越住越糟。十二年前則因為這裡的房租很便宜，所以搬進這裡的旅社。」

李先生的情況還算好，因為是顯而易見的殘疾人士，能夠獲得重度殘障的認證。根據二〇一八年的調查，蟻居房居民中有百分之二十九・七的人認為自己「有身心障礙問題」，其中「未登記」的殘障人士比例高達百分之三十一・七，相當於三分之一。這些「未登記」的殘障人士，無法獲得殘障補助金等基本福利，是沒有受到法律保障的一群人。

「每天都有人會來協助我活動、幫我做小菜，但未登記的居民卻完全無法維持人類應有的基本生活水準。三年前搬來的鄰居大腦受傷，無法自行活動、照顧自己的生活起居、做出適當的判斷，但因為流落街頭太久，沒有就醫紀錄等可依據的資料，所以無法登記為殘障人

首爾龍山區東子洞9-20號的蟻居村，許多居民在二〇一五年時因屋主強迫退租的要求遭到驅趕，後來在首爾市政府積極介入之下，轉爲經營「便宜蟻居房」。108號的居民金炳泰（八十歲）坐在房間裡。

士，我經常在想，我們真的能夠這樣對需要幫助的人置之不理嗎？」

對居民來說總是很可靠的李先生，提到離家之後就無從得知消息的孩子，便緊緊地抿起嘴唇。

「我在孩子們還很小的時候就離開家了，雖然很想念他們，但我不想讓他們看到爸爸這副德性，只能祈禱他們過得很好。我只希望自己的餘生，能夠過著不愧對父親這個身分的生活，所以才會努力幫助鄰居，我覺得這是對孩子們最低限度的禮貌。」

春天時的覺悟還言猶在耳，但他很快因為病情惡化而住進隔離病房半年，雖然後來再度回到蟻居村，等著他的卻是首爾市都市計畫委員會通過「良洞都市整頓再開發區整備計畫變更（草案）」的消息。聽聞此消息的東子洞蟻居村居民，想到過去南大門路五街蟻居村居民，在沒拿到適當拆遷補助的情況下就必須搬走的事，也讓他們在這寒冬中因寒冷與不知該到哪兒落腳的不安感到憂心忡忡。

「白天一定會出來，晚上則會緊緊把門鎖上。（鄰居們）都知道這裡住的是個女人，所以我真的不敢把窗戶打開，導致晚上房間裡面濕度很高……」

六十五歲朴敬子女士，為了避免自己在蟻居村內遭遇危險、暴力，每天都過得膽戰心驚[17]。她三年前住的蟻居建築共有十多間蟻居房，其中只有她一位女性。先不說盥洗問題，要共用廁所就已經是個大問題了。那些找不到日薪工作，甚至是無法去工作的鄰居，經常喝得酩酊大醉，裸著上半身倒臥在勉強能稱作是公共空間的廁所與走廊上。

走在蟻居村的巷弄中雖經常能看見男性居民，但女性居民卻十分罕見。露宿者行動聯盟的李東賢表示：「蟻居村是個非常不適合女性居住的環境，比起承租一間蟻居房，大多數的女性露宿者，會選擇進入提供給露宿者使用的設施過團體生活。」首爾地區的蟻居房女性居民有四百四十一人，僅占首爾全體蟻居房居民的百分之一三・七。

---

[17] 原書註：韓國日報，簡陋的房間鎖頭、破爛的公共廁所……暴露在暴力下的蟻居房女性，二〇一九年五月八日。

「因為只有我一個女的，所以大家經常喝了酒之後裸著身子到處走。這破舊的地方只有一個公共廁所，要不分性別一起使用。而且門鎖本身沒什麼太大的用處，所以就連晚上我都無法好好睡覺，夏天時男人們喝完酒後會裸著上半身到處走，所以就算天氣再熱我都不敢開門。」

我想起上個春天去拜訪朴善基先生蟻居房的事。朴善基先生的房間對面搬來了一位女性，但卻完全感覺不到有人居住的跡象。跟天氣稍微沒那麼冷，就把門大大敞開的朴善基先生及隔壁的木工大叔不同，她彷彿害怕陽光照入室內一樣緊閉房門。過了沒多久，朴先生就說：「剛搬進來的那個女的很快又搬走了。」

「免費供餐中心大約住了七十名男性，女的只有我一個。他們都會在我面前勃起，我想說這樣不行，以後不去那邊吃飯，後來就沒有再去了。（……）女性獨自露宿街頭是很辛苦的事，沒地方能睡覺，所以只好睡在廁所。怕會被男人威脅，所以只能逃跑，通常都是一個人行動，再不然就是到速食店，如果店內有女客人，那就坐在她後面避免被騷擾。[18]」

女性露宿者同時擁有露宿者與女性兩種弱勢身分，因為無法在較舒適的地方休息，只能在市中心徘徊，等白天到地鐵裡小睡一下，或是到澡堂、修道院，以提供免費勞動力的方式確保自己有落腳的地方[19]。李東賢先生表示：「街頭生活本來就不容易，女性露宿者進入蟻居村的情況更為罕見，大部分都會選擇進入收容設施。」

朴敬子女士也是工作了一輩子，卻做夢也沒想到自己會變成現在的模樣。她怎麼會知道自九歲起便在鄉下替人當保母，不斷工作至今的結果，卻是讓自己成為「勉強免於露宿街頭的居住貧民」。她努力賺來的錢全都給了娘家，結婚之後則遭受婆家的暴力對待，最後以離婚收場。

「即將拆除的空考試院有一些露宿者，所以我就在那裡跟他們一起住了好幾個月。房間裡面有一些要丟棄的棉被，三餐則靠免費供餐解決。在那裡認識的人告訴我蟻居村的存在，所以我才來到這裡。我希望再活個五年就好，希望可以平安地度過這五年……」

---

⑱原書註：二〇一八年與露宿者追思祭企劃團體女性組的女性露宿者口頭訪談〈引用自金潤英，〈叫不出口的名字，女性露宿者〉〉

⑲原書註：金潤英，〈叫不出口的名字，女性露宿者〉，平台C，二〇一九年十二月十三。

根據首爾市政府的調查，一棟蟻居建築平均有十・七位居民，大部分都是共用一間廁所，其中根本沒有馬桶的建築物占百分之十七・八。即便有廁所能使用，女性居民還是得生活在廁所可能被酒醉鄰居霸占的恐懼中。

究竟誰在用蟻居房賺錢

二〇一九年二月，首爾中區韓國日報大樓十七樓編輯部，這個時間只有一些夜間值班者留守，以應付晚上發生的狀況。企劃採訪部的雷射印表機正馬不停蹄地吐出紙張。

五百八十七份建物、土地登記謄本，每一筆紀錄最少要三張紙，多的話則需要八張，如果用上班時間印的話，可能會對編輯部分秒必爭的工作造成極大影響。所以我只好在沒人使用印表機的時間，而且要在蟻居村的結構被揭露之前，悄悄地推進採訪進度。二月和三月的深夜時間，我都偷偷在公司整理建物實際持有者的資訊。雖然先向上級報告就有機會拿到採訪費用補助，但我已經決定先自己調查個大概，所以將近兩萬元的登記謄本申請費用，我就自己處理掉，以展現堅定的決心。

雖然天色越來越暗，但我的工作才剛開始。每天都會看的不動產登記謄本在桌上越堆越高，同事也開始會看著那些幾乎要把整張桌子掩埋的文件堆，問我「妳到底在做什麼」，但因為我還不能確定任何事，只能每次都回答「我想找點東西」。我想用過去不存在於這個世界的「數字」，來證明、揭發維持了數十年的生態，這真的不是一件容易的事。我下定決心，要等我能夠掌握更明確的結構、更顯而易見的真相，等到我自己都能夠說服自己的時候，再向上級報告。

我分別記錄建築物地址、建物主（地主）姓名、地址、出生年月日、取得途徑（買賣、贈與等）、取得年度、債權人、特殊事項（像是重複出現或有債務關係時，我就會開始輸入雙方的金錢借貸關係。或者是這項物件位於江南三區「江南區、瑞草區、松坡區」時也會註記）等資訊，以及註明這些人是否居住在類似釜山海雲台海洋之城等豪宅，偶爾遇到將公司法人設定為債權人去貸款時，我就會用「Google」來找出兩者之間的關係。

李正順、朴在益、具成恩、徐宗甲……

我將無法代表這些人的長相、從事什麼工作、現在身處何方、是否曾在街上擦身而過等資訊的「名字」記錄起來，除了未取得許可而沒有登記的建築物之外，我整理出二百四十三棟建築物，總持有人數為兩百七十人（含共同持有）。像是有強迫症一樣，這份資料我確認了三、四次，才再整理成表格，並以要把螢幕看穿的氣勢，不斷用這些名字推敲可能持有多項房產的人，看到相同的地址或債務關係，便會懷疑他們可能是家人，深陷在將不相干的人的姓名放在一起，不斷查找資料的泥淖中。

每當找到一些特殊人士時，我就會順著不動產登記謄本上的資料跑到現場去，居民們都說從來沒看過屋主，我只能利用向鄰近的不動產或代管人詢問時得到的線索，拼湊出完整的真相，但我一天能確認的，僅是數百片碎片之中的三、四片而已。

整個三月我都在做這件事，也因為沒有如預期般迅速查出整個結構而使我感到挫折，最後我只好再回到現場。因為無法只依靠文件，所以只能盡量跟搜尋「蟻居村」之後能找到的人見面。其中包括在蟻居房做了數十年義工的警察、東子洞蟻居村居民自治會「東子洞互助會」相關人士、反貧困運動團體露宿者行動聯盟、各區公所與居民中心的福利諮詢公務員、蟻居村附近的合法房地產仲介，以及數也數不清的蟻居村居民。二〇一九年上半年，我幾乎像住在蟻居村一樣，後來才知道，當時只要我踏進昌信洞蟻居房，大家就會在背後討論說：「那位小姐好像是誰誰誰的情人。」

挖掘真相不如意時，我就會到蟻居村附近的房地產仲介探索蟻居村生態。偶爾遇到要花錢才能探聽的情報時，我就會稍微演一下，說自己「對投資蟻居村有興趣」。本以為假裝是「有錢人」應該會有不錯的結果，但要探索這種生平難以想像的未知領域，實在不是件容易的事。畢竟靠購入蟻居房作為理財手段這件事，其實是一般人難以想像的事。這些人對理財的嗅覺十分敏銳，甚至到可能危害社會的程度，若想窺探他們的想法，那最好的選擇就是去蟻居村附近的不動產仲介公司。

「通常都是蟻居房出租，然後房東自己搬到豪宅去住。老實說，那又不是什麼附家具的完善套房，卻還收那麼高的月租，簡直是謀取暴利。

「很多房間都沒有廁所、沒有廚房，理論上來看應該只能收個一千多塊吧？但一坪租金居然要七千一百元，算一算是公寓的五、六倍。」

「南大門那邊有年過八旬的人，也在到處打聽說想經營蟻居房。八十幾歲了，哪裡還有機會可以一個月賺兩萬八千多元？而且還是現金，不需要繳稅，再加上政府發放的老人年金，錢可多著呢！」

有不動產仲介分析，這些長期經營蟻居房的人反而不希望「都更」。

「很多每個月有十至十五萬租金收入的房東，反而不希望都更。這次的都更案，這個區域也組織了互助會說要反對，因為會害他們沒有收益。這些人會為了囤積房地產買下物件，把蟻居房的月租當成利息來收，而典型的投資客反而比較喜歡都更。這些靠蟻居房賺錢的人會精打細算，看看是改建成公寓比較好，還是當成蟻居房來經營比較划算。」

住在首爾江南區狎鷗亭洞高級公寓的知名網路講師成敬鎬（假名，五十一歲），是個鶴立雞群的人物。這個名字既不平凡也不獨特，不過他的債務關係卻非常引人關注。全韓國最知名的網路授課公司竟然出現在不動產債權人欄位當中，而且只要仔細思考，就能夠順藤摸瓜地聯想到幾個特定人士。我是二〇〇九年進入大學就讀的「網路授課世代」，他的公司網羅了Megastudy、ETOOS等網路授課平台的明星講師，推出大學入學考試的相關課程。就連十多年前我考大學時都曾經上過他的課，可以知道他是一位在社會科領域相當知名，可說是全國頂尖的明星講師。

他是基於個人所學與專長，所以才對投資情報如此敏銳嗎？每當預期會有「漲勢」時，他就會提前先去設定「所有權轉讓臨時登記」，這樣雖然還不算把房子買下來，卻可以阻止別人買下他的目標。而且他的家人在二〇〇四年時，也購買了附近的蟻居建築，並將同一間網路授課公司指定為最高限額抵押權人。恰巧這個地區在二〇〇六年開始推動號稱是「檀君開國以來最大」的龍山國際事業區開發案。雖然這個案子後來在二〇一三年無疾而終，不過成氏一家仍在開發案觸礁時重新將物件賣出。

而另外一個成氏家族，則是有兩個同一字輩的人，分別在二〇〇二年與二〇一〇年，取得幾棟比鄰的蟻居建築，兩人的地址也同樣是首爾江南區論峴洞的特定公寓，甚至連門牌號碼都一模一樣。我帶著懷疑的心情查閱論峴洞公寓的不動產登記謄本，發現公寓的所有人是一名六十三歲的男性，推測可能是兩人的父親。江南地主的兒子，為什麼會來買幾乎已經要倒塌的敦義洞蟻居建築？

當然，也有不少蟻居建築的實際持有者，住在類似「塔樓廣場」這類的豪宅社區裡。地主孫明新（假名，三十三歲）先生，在十多年前，也就是二〇〇八年，他本人才二十二歲的時候，便買下東子洞蟻居村的兩層樓建築。最高限額抵押設定金額將近一千一百萬左右，考慮到他的年紀，實在很難認為這只是單純的「投資」。

從上述情況可以得知，蟻居房成為某部分人「金錢」的來源，也讓人窺見隱藏其中，橫跨好幾個世代的家族事業。二〇一六年時，年僅十六歲的金成勳（現年十九歲）與父母親共同登記為東子洞蟻居建築的持有者，十幾歲就登記為蟻居建築持有者的情況雖然少見，但考慮到過去他的祖父母曾將這些建築贈送給他父母，再考慮到他與父母共同登記為持有人這點，不難想像他們在做的是「傳承三代」的蟻居房租賃生意。

二〇一一年買下一棟永登浦蟻居建築的朴阿某，不知是否發現這生意有利可圖，又在二〇一五年於東子洞蟻居村買下另一棟房子。除此之外，在組織都更互助會的時候、聽聞可能要都更的時候，都能看見來自世宗、昌原、釜山、光州等全國各地的蟻居建築購買人。我們經常能看見新聞報導哪些地區的公寓最近釋放利多、外縣市的某個有錢人跨縣市買下哪裡的房子等消息。滲透整個社會的資本主義，使得蟻居房變成理財手段。這種情況非常悲哀，但一般人卻無法想像竟有這種膚淺手段，所以才無人報導。

在敦義洞蟻居村擁有四棟建築的具必星（假名，七十六歲）先生，手上持有的房屋是蟻居村房東中數量最多的。根據推測，包括他的家人在內，他們在這裡總共擁有七棟建築，光是以他本人名義購買的就有四棟，總計三十三個房間。以首爾市蟻居房平均月租六千五百元來估算，他一個月可獲得將近二十一萬五千元的現金收入。以敦義洞的情況來看，根據中間的代管人可獲得兩千八百至四千兩百元的抽成，剩下再交給房東的潛規則計算，推測具先生每個月可獲得九萬四千至十四萬的收入，一年下來則可獲得大約一百七十一萬的「隱形收入」。

不過我們很難在敦義洞蟻居村找到具必星的足跡。當有人問具必星名下房產的居民說房東是誰時，只會得到毫不相干的答案。

「你有看過房東嗎？」

「當然有。」

「房東是一個叫具必星的人吧？」

「不是，是徐美珍，房東是女的。」

另外一位居民也是同樣的反應。

「你都怎麼交房租？」

「房東來了就直接給現金。」

「房東是男的嗎？具必星？」

「不是，是女的。」

大部分的蟻居房住戶，都不知道自己居住的地方實際持有者究竟是男是女。徐美珍其實不是「房東」，而是「管理人」，而真正的房東躲在她的背後。具必星的房產各自有多位管理人，這些人異口同聲地說：「房東住得很遠，所以我代收房租，等到了指定的日子就匯款到房東的帳戶。」

「不需要來這個社區」的具必星，實際上住在敦義洞旁的觀水洞，兩者之間僅隔著一條鐘路三街。雖然不是住在敦義洞蟻居村內，但其實是只要過條馬路就會到的距離，為什麼不親自來收取房租？蟻居房的住戶也沒有理由沒見過他。其實只要實際到不動產登記謄本上的地址走一趟，就能解開心中的疑惑了。

他登記為住址的地方其實並非住家，而是鐘路的一棟「汽車旅館」。當然，他並不住在那裡，也並非那裡的房東。彷彿想要惹火那些意圖追蹤他下落的人一樣，讓人在一個理應是住家的地方看見一棟汽車旅館，也只能令追查者放棄追蹤這位擁有最多蟻居建築的具必星先生。

蟻居村生態系的軸心，中間管理層

「前輩，不好意思，妳要我問的事情我都沒問到。」

四月的某天，實習記者跟我一起到鐘路三街貴金屬商街附近的敦義洞蟻居村，最後卻哭喪著臉回來。我要他用當初我與管理人訪談時得到的資訊，及先前整理好的敦義洞蟻居建築實際持有者資訊進行交叉比對，去打聽這些要注意的人物所持有的建築物狀態、聽聽住在該處的居民說些什麼。和習慣與他人搭話，嘗試引導對方說出一些事情的我不同，這對實習記者來說是個非常困難的任務。我一開始就沒有期待他會挖出什麼厲害的內容，只是希望他能夠親眼看看過去只是以表格形式呈現的蟻居村現狀。在蟻居村裡走了兩個多小時之後，實習生真的只能用失魂落魄來形容。他說：「首爾市中心居然有這種地方，真的讓我很驚訝。」

走在勉強只能同時讓一、兩個人通過的狹窄巷弄中，即使沒有下雨，也能感受到頭頂上有水滴不斷滴落。由於沒有晒衣服的空間，只能將竹竿透過窗戶架在兩棟建築物之間，並把洗好的衣物晒在上頭的光景，竟在二〇一九年的首爾市中心現蹤。

路途上，我們還在社區裡目睹了一起爭吵。一位看似剛過三十歲的女性，與另外一位中年女性，以尖銳的聲音驚擾了整條巷子，蟻居房裡的人瞬間湧了出來關注這場騷動。她們來來往往的內容比髒話更加不堪入耳，實在無法用文字記錄下來。身為外來人士的我，隨意提出「是不是該報警」的建議，但這裡的居民只是毫不在意地回答「天天都有這種事」。果不其然，不久後整條巷子再度恢復平靜，油漆工人們拿起油漆刷重新投入工作，整條巷子彷彿不曾發生過剛才那場爭吵。社區的管理人朴占子（假名，六十五歲）表示，這個社區被選為「新聚落」美化事業的對象，每一棟蟻居建築的外牆都會被漆上相同的顏色。

敦義洞蟻居村位於皮卡迪利劇場與樂園商場之間，由一九五〇年代韓戰後，皮卡迪利劇場後方有四百五十至五百位年輕女性聚集的大型紅燈區演變而來，這個紅燈區又被暱稱為「鐘三」。據說一九六八年在首爾市政府大規模取締之下，這個性交易集散地隨之瓦解，從外縣市前來尋求生計的勞工，便進駐這些原本用於性交易的房間，才逐漸形成現在的蟻居村[20]。

走過昌信洞、東子洞、永登浦蟻居村之後，我終於拜訪了首爾市區內四大蟻居村之一的敦義洞蟻居村，當時我第一個想法是「和其他社區相比，敦義洞蟻居村的環境好多了」。其實這個地區在二〇一五年被選中，成為總統直接管轄的區域發展委員會計畫推動的對象，地區政府也開始積極改善當地基礎建設。負責露宿者相關政策的首爾市政府自立支援科也在研究中指出，「首爾市的蟻居村當中，敦義洞蟻居村裡有工作的居民數量最多。」

讓敦義洞蟻居村鶴立雞群的特色之一，就是「中間管理層的自律性」。其他蟻居村的管理人，其本身的情況大多和蟻居村居民無異，只是以幫忙收月租、管理房子為代價免費獲得一間房間，或得以在不必付店租的情況下繼續做生意，而敦義洞的管理者則是轉租的經營

---

[20] 原書註：首爾市政府自立支援科，〈蟻居房、蟻居村、蟻居諮詢中心〉，二〇一七年九月。

者，對蟻居房事業展現出躍躍欲試的態度，像是朴占子所「管理」的蟻居房高達一百間。

從這個邏輯來看，敦義洞蟻居村的「屋主」和「實際持有人」有著不太一樣的定義。首先，蟻居房居民不會見到「實際持有人」，通常都認為「中間管理人」就是「屋主」，但這裡比較不一樣的地方是就連「中間管理人」都認為自己是「屋主」。這一點和其他蟻居村不同，因為敦義洞這區通常是管理人向實際持有人借用蟻居建築，並以「轉租」的形式經營。

我向同時擔任社區領導者的朴女士，詢問敦義洞蟻居村較為特殊的生態體系。

「阿姨，妳是這些蟻居房的『屋主』嗎？」

「對，我是蟻居房的屋主。」

「哇……鐘路這裡就算是蟻居建築應該也很貴，所以妳是『擁有』這些建築嘍？」（在詢問對方是否持有建築時，通常會以想要理財、對投資不動產有興趣的方式詢問，以降低對方戒心。）

「不是這樣，實際持有者是別人，我只是租了別人的房子然後再轉租……就是我當二房東的意思。」

「那可以看成是『管理』的意思嘍？管理人？」

「差不多吧。」

果然，他們混淆了「屋主」與「實際持有者」的概念，不過這種說法仍有其道理，原因在於把「屋主」這個詞拆開來看，確實就是「屋子」的「主人」。不過究竟屋子的主人是誰？是擁有屋子的人？還是有權管理屋子的人？還是搬進這個屋子裡，實際打理該空間的租客？唯一能確定的是，若「屋主」這個詞彙的定義越接近後者，就越強調租客的自主性，也代表社會本身較保障人民的居住權。可惜的是，我們的社會絕對不可能會把租客稱為「屋主」。

「但其他人都以為阿姨妳是『屋主』吧？」

「對啊，真正的屋主是誰只有我知道，我每個月都會把月租匯到他的戶頭，也沒人知道他的電話，我們社區的屋主……啊，會搞混，還是說『管理人』吧。社區管理人們，雖然有少數是拿自己的房子當蟻居房出租，但大部分都是承租別人的房子再轉租。我們家族世世代代都在做這個事業，現在是由我姊姊、我和妹妹經營媽媽留下來的事業。」

根據朴女士這番話，這個社區的蟻居村都是「無照」，當然也不需要繳稅。月租通常介於五千七百元至八千五百元之間，其中要匯兩千八百元至四千二百元給房屋的實際持有人，接著繳交電費、瓦斯費之後，剩下的錢才是中間管理人的淨收入。因為是以「現金」形式進入管理人的口袋，所以不會被納入所得中，是能夠逃漏稅的漏洞之一。朴女士說如果管理人的年紀比較大，那麼即使靠管理蟻居村獲得每個月兩萬八千元的收入，還是只能「勉強打平」基礎生活開支。

朴女士某種程度上來說，也可說是「富豪管理者」。二〇一八年三月，原本在敦義洞蟻居村管理最多蟻居房的人過世之後，朴女士就將對方手上的蟻居房全部買下來，也讓她手上握有大量的房間。

「我原本管理的房間再加上姊姊管理的房間，算起來總共管理九棟蟻居建築，如果只算房間的話大約有一百間。

「放房間（朴女士將用蟻居房生財的行為稱為『放房間』）的原理就是這樣，這棟建築物有十五個房間，一層樓五個，總共有三層樓。整棟房子的月租更貴，但如果以房間出租的話，通常一間房間的月租是六千八百元，其中二千八百元給實際持有人，這樣一整棟的房間租金加總起來是四萬二千多元，剩下的四千元則歸我們。雖然看起來很多，但實際上並沒有那麼多，因為還要扣掉電費、水費、瓦斯費、有線電視費用等公共事業費，如果房間都租出去確實可以賺到比較高的利潤，但最近空房越來越多，很多人也都轉作一般的房屋出租了。」

朴女士管理的一百間房間，如果沒有空房的話，那一個月就能賺到四十萬，當然冬天瓦斯費與電費會比較高，公共事業費應該會超過十四萬。朴女士說「去年冬天好像有人開電暖爐，一棟房子的電費就高達兩萬多塊，冬天每個月的電費搞不好都超過十四萬呢。」不過這裡的空房率通常不到百分之十，夏天也不會開最耗電的冷氣，無論怎麼算應該都是能賺超過二十八萬的生意，也或許是因為這樣，朴女士才會說「在我這個年紀做這生意還算可以」。

「如果我自己管理自己的房子那是最好，這樣每一間房間分給屋主的二千八百元也會歸我所有，房間總共有一百個，如果都是我的那該有多好？一個月就能賺到六萬八千多元，但這裡幾乎沒有這種人，屋主幾乎都搬到其他地方去住了。」

她說由於跟居民住在一起，也有人曾追問過這些錢究竟用在哪裡，領取基本生活補助津貼的人，每個月可拿到二萬一千至二萬三千元的補助，其中有六千八百至一萬元需拿去繳交房租。蟻居村居民大多都是中年男性，一天會花約兩百八十五元買菸、買酒，一個月下來便有約八千五百元的花費。由於沒有固定工作，沒有任何消遣可打發時間，很難不往賽馬場、自行車賽場、賭博遊樂場等地方跑。即使每個月都會領到生活津貼，但錢仍然不夠用，每個月都要固定借錢、還錢，過著無止境的借貸人生。

「居民沒有其他消遣、沒有生活的樂趣，每天都會跟我抱怨一個人很孤單，再加上都是男人，即使很窮，還是偶爾會去清涼里找女人『放鬆一下』，這些花費也必須算進來。」

朴女士很好奇，這些政府提供給居民的福利，是否真的是以福利者本身的需求為主所設計。畢竟這些滿是溫情的幫助，其實對居民沒有太大的效用，他們甚至不會覺得感激。

「看居民的所作所為，只能說他們過著『貧窮中的豐饒生活』，逢年過節便會到福利中心、區公所去領年糕或米，但這些東西只會被他們放到發霉然後丟掉。即使隨時發放袋裝米，居民領完之後也是隨手丟掉，用人民的稅金提供協助、補助固然很好，但我有時候會想這到底對不對，總之居民拿到的米真的很多，多到滿出來。」

原本住在敦義洞的朴女士，因結婚搬到外縣市居住，之後才輾轉又回到敦義洞，算一算從事這個行業也不過九年的時間，她說很少有人在搬入蟻居村之後，因為生活情況好轉再搬出去。雖然這一區過去曾是個凶險到令人不想再踏入的地方，但隨著那些壞人過世、入獄，蟻居村也漸漸恢復平靜，生活環境慢慢改變。

「有些比較長壽的人，甚至在這裡住了幾十年，但幾乎沒有人翻身後離開這裡。大家都沒有錢，除非是『死掉』，否則真的很少有人主動離開，但也不是說來到這兒的人生活就一定不會好轉，我想大約有百分之十的人，每個月都會存個三千元起來。」

新聞報導「比『地頂考』更不如的蟻居房」

在漫長殘酷的冬天離去，明顯感受到春天即將來臨的二〇一九年四月的某天中午，幾位居民一如往常地聚集在S超市前，嘰嘰喳喳地聊著天。這間扮演社區交流中心的超市門口，總是放著幾張空椅子，在冬天裡沒什麼用處，但進入春天後便能發揮正常的功能。雖說是四月，但天氣也還沒暖和到可以長時間坐在戶外，不過因為終於有機會離開蟻居房，所以居民們還是聚集在超市前。在沒有任何一扇窗戶的蟻居房裡，完全無法得知現在究竟是白天還是黑夜、是冬天還是春天，只會令人感到疲軟無力。

即使天氣只是微微回暖，居民們還是主動走到戶外，坐在超市前的椅子上晒太陽。因為S超市所在的轉角，是社區裡最能夠照到陽光的地方。

不知道從哪兒弄來了一部輪椅，蟻居房的居民們正在拿這部輪椅尋開心，朴善基先生也在其中。他的穿著變得比較輕便，與冬天裡咳嗽的模樣截然不同，臉上帶著開朗的笑容。

到了春天，S超市便充滿活力，拉門的鐵製門框上，貼著一張白紙，上頭以粗粗的筆寫著手工水餃、甜米釀等額外販售的品項。超市外雖然有自動咖啡販賣機，但因為已經故障，所以超市的老闆娘崔美子女士，也會以十四元的代價為客人親手泡一杯三合一咖啡。

從剛結婚的年輕新娘，到有個讀小學的孫女的奶奶，一個女人獨自在這裡做生意做了四十年，絕對不是一件容易的事。崔女士外表看上去和藹可親，但個性也並非很好欺負，因此才能在這暗藏許多危險的蟻居村裡把孩子撫養長大。近來她也開始幫忙照顧孫女，過著悠閒從容的時光。

二〇一八年國日考試院火災時，她是我在蟻居村裡第一位接觸的對象，同時也將最正確的姜氏家族資訊透露給我知道。不過她畢竟已經與對方認識四十餘年，這更是她賴以維生的經濟命脈，自然不可能輕易透露太多資訊。於是比起正面出擊，我轉而選擇較為迂迴的方式進行打探。

「我剛開始做生意時，這附近都是私娼寮，過了大約十年，附近的聲色場所開始消失，那些賣身的小姐用來接客人的小房間，就成了現在的蟻居房。我們的屋主是這裡的青少年教育委員長，他手上雖然有好幾棟這一區的房產，不過他從來沒拿房產去經營過那種事業。」

一九六〇年代的昌信洞是首爾首屈一指的紅燈區，房間就像蜂巢一樣緊鄰，是從事性交易者用來辦事的房間。當年有些從外縣市來到首爾找工作的勞工，在現在已經成為飯店的「舊東大門客運站」下車之後，便會到清溪川和平市場的紡織工廠工作，並在這一區找房子，就這麼住進一些空的蟻居房。據說還有一些蟻居房原本是配合宵禁時間，提供給外縣市來的商人落腳的旅社，隨著時間流逝漸漸成為低收入戶的月租房。我刻意誇崔女士說：「您住在這裡這麼久，肯定對蟻居村瞭如指掌。」她聽了開心，便告訴我說：「我們這個社區本來就做很多善事，我也獲得很多次表揚。

「孫女們經常問我：『其他人的奶奶逢年過節都會休息，為什麼奶奶妳不休息？』但逢年過節才是我最忙的時候，我得為這些無處可去的蟻居房居民做碗年糕湯才行啊。還不只是這樣呢！前面那棟、隔壁那棟的屋主是誰，我都知道得清清楚楚。」

社區裡的每個角落都在她的掌握之中。清楚知道哪一棟房產由誰持有，甚至幫忙介紹買主的崔女士，最適合用來確認我透過調查所提出的各種假設。

不過我很難從像她這樣的特殊人士口中，聽見和蟻居房真相有關的事情。為了確認我的假設，只能在無可奈何之下聽她從社區最新的消息開始講起，一直聊到一個女人在這裡做生意是多麼困難，還要表示對她的困難感同身受，聽完她講述自己已經長大成人的孩子現在在做些什麼之後，才終於能夠聽到「屋主」的消息。

「以前曾經有過這一區要都更的傳聞，但很快傳聞就消失了。當時一直在謠傳說要蓋什麼複合式商場，但後來又說蓋了商場會遮住東大門這個古蹟等等，當時也有不少謠言說上面那個社區被某個部長買走，大概是李明博當總統的時候（二〇一〇年時知識經濟部部長候選人李在勛，以共同名義買下了昌信洞新城開發預定地的蟻居住宅，因而失去候選資格），這附近蟻居建築的屋主，大多數都不是只持有一棟房產的人，這附近只有我們家沒有房子，大家都有好幾棟。」

我反覆向言談中夾雜著一些玩笑，笑得很爽朗的崔女士詢問這個社區的事。雖然我已經掌握所有鄰近蟻居建築的持有關係，但還是假裝毫不知情。

「妳四十年來都在經營超市，那這棟建築物應該是妳的嘍？」

「我們這是租來的，已經跟屋主租了四十年，然後他才把自己的房子交給我管，這樣我就可以不用交房租。」

重要的是接下來這句話：

我取得首爾市政府內部的蟻居房現況資料（二〇一八年九月），徹底調查名單上三百一十八棟蟻居建築的不動產登記謄本。並針對謄本中登記的兩百四十三棟建築物、兩百七十位屋主（含法人）進行調查，結果發現到許多推測是大富豪的人，在這數十年來以多棟蟻居建築進行剝削式的租賃行爲，或以投資爲目的進行買賣行爲。圖爲韓國日報企劃採訪部記者們，將上百張蟻居建築不動產登記謄本攤開，一一確認屋主資訊的照片。

「其實每一棟房子都有管理人，像我是朴家的管理人，我們的屋主在這裡有幾棟房子喔……一、二、三、四……好像是八棟吧？

「總之，五棟是蟻居建築，有一棟改裝成民宿，屋主爺爺去世之後，這些房產就分給他的孩子。」

現在終於得以透過居民的證詞，一一確認表格當中那些資料所呈現的真相。我將四個月來的調查、挖掘上千張文件的過往時光拋在腦後，像在淘金一樣把好不容易拼湊出的真相寫成報導，終於在五月七日，我的報導刊登在早報的第一面。

二〇一九年五月七日

蟻居村背後……房地產大戶的「貧困經濟」

本月四日正午時分，首爾鐘路區東大門站一帶俗稱昌信洞蟻居村一角，面積九・九平方公尺（三坪）的雜貨店門口，居民一如往常地三三兩兩聚集在此晒太陽。崔美子（假名，六十二歲）女士也跟居民坐在一起聊天，也不忘了向大白天就喝個爛醉的客人討回賒欠的酒錢。以「還好我們這裡沒有壞人」這句話開場的崔女士，透露了這個讓身陷貧困深淵的蟻居房居民得以安身立命的蟻居村背後，其實牽扯到龐大的「蟻居村經濟」。

這裡有五十六棟建築物，共有五百二十多間緊密相連、沒有任何一絲空隙的房間。在這個無處可喘息的蟻居村當中，崔女士經營這個香菸販售處兼雜貨店四十餘年。她不為人知的副業，其實是協助管理居民遷出、遷入、收取租金，並將居民意見轉達給屋主的「蟻居房管理人」。她代替住在其他地方的屋主，處理包括居民入住、收取房租等各種雜事，這也讓她得以從年輕到老，都不必擔心店面的房租，得以在蟻居村的入口繼續做生意。

「這裡的屋主幾乎人人都有一棟以上的蟻居建築。」對昌信洞蟻居村瞭若指掌的崔女士所言不假。根據首爾鐘路區鐘路46ga街（가길）一帶的不動產登記謄本，崔女士所管理的蟻居建築實際屋主是六名手足與其配偶一家，他們在此共擁有八棟房屋，光是目前出租中的五棟蟻居房屋，就能有每個月四十一萬（一棟蟻居房屋的房間數平均為十二・六個，乘以平均月租六千五百元）的現金收入。一九八〇年代從父親那裡繼承蟻居房屋的六人，在一九九六年時於附近蓋了一棟地下一層、地上五層的大樓。在該社區住了超過二十年的居民表示：「從來不曾

見過屋主。」數十年來藉著經營蟻居房致富的屋主一家，始終隱藏著自己的真實身分。

蟻居房是都市貧民們流落街頭之前，唯一能夠倚靠的最後防線。提供空間讓這些都市貧民免於睡在柏油路上，而是在有牆壁遮風避雨的地方落腳，他們就應該要感到知足、就應該接受嗎？在這個環境當中，別說是洗手間，就連洗澡的淋浴設施、熱水與暖氣設備都沒有，所謂的房間，也僅只是讓一個成人勉強能把腳伸直躺下的狹窄空間，「比地・頂・考（地下室、頂樓加蓋、考試院）更不如的蟻居房」這句話其來有自。

韓國日報領先國內所有媒體，以二〇一八年首爾市全體蟻居房現況資料為依據，針對蟻居房屋的不動產登記謄本進行全面調查，旨在追查都市貧民最後的落腳處「蟻居房」屋主的真實身分。提供這種不人道的空間給相當於居住難民的蟻居房居民，並將其作為逃漏稅的手段，甚至是侵占房租，這些人所從事的是近乎剝削的租賃行為。從事蟻居村「貧困經濟」，榨取最弱勢貧民的血汗錢，以累積個人財富的這些人，其背景十分豐富精采。

蟻居房屋主當中，有不少人居住在江南區道谷洞塔樓廣場等高級豪宅，其中許多人是江南房地產大戶的家人、中小企業代表等富豪。過去曾經是知名大學入學考試網路講師的一名男子，也為了擁有蟻居房屋而進行假登記，其中甚至有人將還是高中生的子女，登記為房屋的共同持有人。本報也掌握到若有蟻居村都更的消息傳出，許多釜山、光州、世宗、昌原等地的房地產大戶，便會以理財為名大量購買首爾市蟻居房屋的狀況。

「最底層的住房」蟻居房的實際屋主

首爾市區內的蟻居房，大多分布在敦義洞、昌信洞、東子洞、永登浦洞等四個蟻居村內。根據首爾市政府二〇一八年的調查，這四個地方地居民共有三千二百九十六人（二〇一七年十二月底為三千一百八十三人）。蟻居房屋主要位於首爾市中心老舊的待都更區，由於居民的住處不固定，所以房屋與居住現況，都會因調查的時間點而有些微差異。

本報以首爾市政府內部的蟻居房現況資料（二〇一八年九月）為依據，針對三百一十八棟蟻居房屋中已登記在案的兩百四十三棟展開不動產登記謄本調查，發現二百七十位屋主（含法人）當中，共有一百八十八人（百分之六九．六一）住在蟻居村以外的地方。金好太東子洞交流中心（龍山區東子洞蟻居村交流處）代表表示：「蟻居房屋主幾乎不會一起住在蟻居房屋中，通常會另請管理人，並把一部分的月租分給他們，或以免費提供蟻居房的方式讓他們協助管理。」他同時也提到：「很多人即使知道這是蟻居房屋仍然會買下來，等到要都更的時候，便會毫不留情地將居民當成露宿者趕出去，這種事情經常發生。」

依照房屋取得的途徑，蟻居房屋主可分為「獲得繼承・贈與者」與「投資者」兩種，前者主要是第二代屋主，繼承到鄰近地鐵站等交通要衝的蟻居房屋與土地，後者則是西元二○○○年代後期至二○一○年代初期，看準都更良機而購入蟻居房屋的外地人。無論是哪一種，最終都是為了「能夠賺錢」而將房產繼承下去，或是以投資為名買下這些房產卻不認真維護，只想當房東收租金的「尋租者」。

三百一十八棟房屋當中，共有五十六棟的持有人同時持有多棟房產（百分之十七・六一），雖然不動產登記謄本上並未明確記載家族關係，但鄰居的證詞顯示，這些持有人有著相同的地址，並透過繼承關係取得房產。據推測，屬於同一家族的多棟房產持有人，手上所持有的蟻居房屋數量總共占整體的百分之二十二・○一（七十棟）。光是透過文件的紀錄，就能夠掌握徐某（七十六歲）在敦義洞蟻居村擁有四棟蟻居房，而二○一一年買下一棟永登浦蟻居房屋的朴某（六十二歲），則在二○一五年又透過競標買下一棟位於東子洞的蟻居房屋。

房地產投資客聽見都更消息，便立刻買下蟻居房屋的事情層出不窮。二○○六年龍山國際事業區開發案投入八百八十五億資金，號稱是「檀君開國以來」最大的開發案（二〇一三年中止），使得現今東子洞的蟻居房屋易主十五次；二〇〇七年的昌信・崇仁新城開發案，則使昌信洞的蟻居房屋易主八次。接著東子洞一帶掀起民宿改建熱潮，加上相關的都更消息，使得當地房屋在二〇一〇年至二〇一八年期間歷經十九次轉手，最後來到現在的屋主手上。二〇一〇年李明博執政時期，當時的知識經濟部部長候選人李在勛，曾經在二〇〇六年買下鐘路區昌信洞都更推動區內，一棟價值相當於兩千萬的蟻居房屋，並與其夫人登記為共同持有人。當時他表示這是「因應老年生活」所做的準備，但利用蟻居房居民無處可去的處境進行個人理財的行為已引起公憤。

首爾江南與外縣市房地產大戶的買賣絡繹不絕，光是設籍在江南三區（瑞草區、松坡區、江南區）的房屋持有人就有二十五人。本報也掌握到位於江南狎鷗亭洞，號稱傳統豪宅社區的現代公寓居民，以及新興豪宅釜山海雲台區海洋城市的居民，都曾經購買蟻居房屋。住在塔樓廣場的持有人在都更吵得沸沸揚揚的二〇〇八年，曾向銀行貸款一千一百多萬元，買下一棟占地三十七平方公尺的雙層蟻居房屋，更驚人的是，這位持有人當時年僅二十二歲。其他同樣住在江南的屋主家庭也加入這個行列，如當時居住在江南區論峴洞的屋主張某（六十三歲）一家人，曾接連在二〇〇二年、二〇一〇年以買賣、贈與的方式，取得幾棟緊鄰的敦義洞蟻居房屋。

蟻居房淪落為能夠賺錢的「炒房資產」

對房地產投資客來說，都更區的投資是與時間的競賽。雖不知道會在何時動工，但他們仍懷抱著對遙遠未來的想像，利用貸款與身上的現金資產買下這些不動產。若開發計畫觸礁、因意外而無限延期，這筆資金便會被套牢，但「炒賣蟻居村」卻截然不同。因為即使投入大把資金「囤積房產」，等待都更的期間，仍然能夠不斷從蟻居房居民身上獲得現金收入，使得蟻居房成為「搖錢樹」（Cash Cow，形容能穩定獲得財源收入的商品或事業），這也是為什麼住在豪宅裡的屋主，會對蟻居村房屋如此虎視眈眈。

除了極少數掛著「旅社」「考試院」看板的地方之外，大部分的蟻居房都是未獲政府批准的旅宿業。這些地方沒有不動產合約與押金，大部分都掛著「有空房」的看板，並在下方寫上電話號碼，房客只需撥打電話聯繫管理者，當場以口頭約定承租即可。屋主可透過一棟蟻居房屋，每個月獲得八萬兩千元（透過平均租金推算）的現金，租金無法刷卡支付，房客也不能申報租金開銷以減免所得稅，這裡的租金以隱藏在檯面下的「隱形收入」形式流入屋主的口袋。也就是說，大多數的蟻居房屋主，都將經營蟻居房一事當成逃漏稅的管道。

龍山區公所表示，東子洞的蟻居房屋數量位居首爾市之冠，區域內除了旅社、考試院等登記在案的旅宿業之外，其餘的蟻居房屋均未登記為旅宿業。而事實上只要能力夠好，就連蟻居房的管理人也能賺進大把大把的金錢。在敦義洞同時管理九棟房產，總計約有一百間蟻居房的六十多歲女性表示：「我以當二房東（將自己租來的房屋再次轉租給他人）的形式管理蟻居房，只要沒有空房，每個月的收益就能高達二十八萬。」

住房費用水漲船高，僅能委身於考試院、蟻居房的居住難民越來越多，蟻居房投資價值提升的同時，也使越來越多人將一般的房子隔成多個狹小的房間，用以賺取更多的財富。去年鐘路區公所曾於地鐵四號線東大門站一帶，揭發一位屋主將自有房屋進行非法改造，意圖展開蟻居房出租事業。該棟房屋並非位在原有的昌信洞蟻居村內，而是僅有一條街之隔的新大樓。

顧不得像人一樣的生活……「苛捐雜稅」流進屋主口袋

蟻居房每坪的平均租金是五千兩百元，首爾市所有公寓每坪的平均租金是一千一百元，蟻居房居民即使付出每坪高於一般公寓四倍的租金，仍然無法獲得居住環境的保障。他們僅能生活在一・六至六・六平方公尺（〇・五至二坪）的狹窄空間中，沒有地方做飯，甚至沒有沖澡、上廁所的空間。居住在昌信洞的李姓奶奶（八十歲），每星期會有兩天搭公車到車程二十分鐘以外的鐘路老人綜合福利中心。這位每個月要付房租五千七百元的奶奶表示：「房子裡只有會出冷水的水龍頭，沒有洗臉台，很少有機會用熱水洗手，去年冬天冷到在家裡講話都會口冒白煙，雖然我已經穿上羽絨背心，但還是感冒了。」

地方政府曾以安全問題為由，討論過是否要採取法律措施，強制封閉蟻居房屋，但這麼一來，便會使許多蟻居房居民流落街頭，這也是為什麼地方政府無法積極取締。每到夏、冬兩季，就會有許多政治人物將蟻居房當成「貧困的舞台」，但卻從來沒人質疑，這在未經許可之下經營了四十多年的事業，底下究竟隱藏了怎樣的結構問題。鐘路區公所相關人士表示：「因為怕發生大火，所以十年前開始區公所就撥了預算安裝保險盒（漏電斷路器）和火災警報器，並且協助修繕房屋，有少部分屋主會因為自己未盡到應盡的義務，反而是由區公所代勞而感到不好意思。」

更大的問題在於政府將國民的稅金用於照顧貧困族群，但這些福利最終仍流入屋主的口袋。首爾市政府的「二〇一八首爾市蟻居房密集區房屋現況暨居民現況調查結果報告」指出，領取基本生活津貼補助者與中低收入戶等接受政府補助者，占全體蟻居房居民的百分之六十七・一（兩千一百四十四位受訪者中的一四四〇人）。以首爾市為標準，一人家庭的居住補助最高金額為六千六百元，政府在不超過規定金額的前提下提供房租實支實付的補助，但這筆錢等於直接進了蟻居房屋實際持有人的口袋。

在鬆散的法律規範之下，蟻居房居民在人生的每個階段，都經歷大大小小的剝削。在永登浦蟻居村住了七年的朴某（四十二歲）表示：「我曾經看過一位有二級身障的居民（五十三歲），在將近兩年的時間內每個月都被屋主拿走兩萬八千元，每當補助金匯入戶頭時，屋主就會以收取餐費與管理費為藉口，跟著他到銀行去把錢拿走，這種事情很常見，但在蟻居村內大家除了依靠鄰居救助、互相安慰，也不知道能怎麼辦了。」屋主最在乎的並非居民安全，而是不要有空房，所以即便身障居民為了不繼續被剝削而搬到其他蟻居房，最後還是被屋主帶回的事情屢見不鮮。

雖然首爾市政府並非做壁上觀，但也被批評在改善環境、轉租現有住宅，並協助修繕等政策上能發揮的效用有限。首爾市政府自二〇一六年起展開「低價蟻居房租賃補助計畫」（由政府經營的低價蟻居房），透過該計畫向屋主承租蟻居房屋，經過修繕後再以相當於市價七成的低廉價格租給有需求的人。

市政府以負責重新貼壁紙、地板紙，並協助更換電器、消防設施或鍋爐等公共設施為代價，要求屋主五年內禁止調漲租金，這樣的做法雖然有效，卻是以稅金等人民的血汗錢，以及部分企業的愛心捐款為資金，免費幫助蟻居房屋主提高其名下房產的價值，因此也有人批評，在該計畫結束之後，一切好處仍歸該房屋的屋主所有。

二〇一五年東子洞9至20號曾經發生屋主為將房屋用途變更為民宿，便強制要求居民搬遷，瞬間使得許多人流離失所的事件，這些蟻居房屋目前就是市政府經營的「低價蟻居房」。這是法院接受居民提出的中止施工假處分申請，首爾市政府也積極介入協調的結果。如今這些蟻居房內的傳統廁所裝上了西式便器，房門也從木門更換為鐵門，但居民卻異口同聲地說「只有門跟壁紙變好了，其他都沒有改變」，這都是因為他們仍深陷可能流離失所的不安當中。東子洞交流中心活動家朴勝民表示：「明年就是『低價蟻居房計畫』的第五年，說不定我們又要找地方住了，最近一直有這一帶要都更的消息，讓大家都很不安。我想市政府以官方採購的形式將蟻居房買下來，再直接租給居民，才會是最根本的解決之道。」

李惠美記者，資料整理——趙霻延實習記者

「比『地頂考』更不如的蟻居房」之後

發送到蟻居村的報導

「妳這狐狸精，竟然為了寫新聞到處騙人？像妳這種人就是真正的『狐狸精』！」

五月七日下午第一篇報導刊出，我接到一通由朴善基先生的號碼打來的電話，電話一接通便聽見尖銳的罵聲，電話那頭的是S超市的老闆娘崔美子女士。雖然已經預期到這個反應，但她的用詞比我想像的更粗魯、尖銳，電話那頭傳來的是我這輩子聽都沒聽過的髒話。雖然我將她指名為「中間管理人」，在報導當中也將她歸類為惡人（被視為共犯），但我個人對崔女士並不那麼厭惡。應該說，至少我覺得她那句「我對這個社區的人很用心，逢年過節還是會餵飽他們」是真心的。

「妳懂什麼？憑什麼大搖大擺闖進來，把從我們這兒聽來的事情寫成新聞？這裡的人都很相信妳！妳這狐狸精！」

她的髒話持續了五分鐘左右，其間我完全沒有回嘴。一邊聽著連篇的髒話，一邊想如果演變成法律糾紛，那麼我隨口回應的任何一句話都可能會成為把柄，一想到這裡便驚覺「我真的變成記者了」，然後便因為這個念頭忍不住噗哧笑了出來。

崔女士氣得七竅生煙，她雖然沒說，但我想社區的管理人們應該也都傳閱了這篇報導，並接到一些屋主的抱怨。這輩子第一次聽到有人罵我「狐狸精」，對這個字眼實在感到生疏，她那些攻擊我的言語並沒有將我激怒。

比起挨罵這件事，更讓我在意的是可能對朴善基先生帶來的負面影響。雖然在報導中用了假名，但朴先生與我的交情，早就傳遍整個昌信洞蟻居村。偶爾碰巧跟朴先生一起吃完午餐走進巷子，還會聽見後方傳來居民們的聲音，說：「朴先生，你的情人今天又來啦？」如果為了聽他的人生歷程，而跟朴先生一起進到蟻居房，隔壁的大叔就會把拉門打開，用陰沉的眼神向我們打招呼。之所以忍受這些汙辱、輕視，是因為我認為一定要有人好好說出整個蟻居村盤根錯節的剝削生態，站出來保護這些居民才行。我相信對這些被趕出去的人來說，唯有撰寫報導才是真正保護他們的方式，也因此心中湧現了難以言喻的力量。

「有錢有錯嗎？富有的人說要把房子借給我們不對嗎？如果沒有蟻居房，這些人也都會全部不見，那妳要幫我付房租嗎？」

崔女士分明也是承租人，卻為屋主的利益辯護。我認為比起人類以土地、建築物等不動產賺取經濟利益的權利，更重要的是每個人的居住權，人人都需要一個「能夠過得像人」的空間。比起想盡辦法將房子租出去以賺進最多錢的權利，這個世界更應該看重人們享有幸福的權利。以這輩子運氣特別不好的這些人為對象，從事謀取暴利的租賃業，並不是「某一群人應得的權利」。

「所以妳覺得沒有暖氣，一個月月租要七千一百元是正確的嗎？至少應該提供能讓人正常生活的環境吧？」

我意外的反擊，讓崔女士支支吾吾了起來，最後她只警告我「妳不要再來我們社區了」便掛斷電話，而之後有好一陣子，我都沒有踏足地鐵「東大門站」附近，與曾經交情匪淺的朴先生也徹底斷絕聯繫。

報導並非只有負面反應。

這篇報導意外獲得極大的關注，很多地方找我去演講，我甚至還拿到記者協會本月記者獎的「年度數據基礎調查報導獎」「線上新聞大獎」等獎項，過著忙碌的生活。

頒發獎項的光榮時刻、討論新聞未來的場合，每一個都令我感到榮耀萬分，不過令我始終無法忘懷的，是五月二十九日站在東子洞蟻居村居民面前的那一天。

首爾車站正門口的對面，首爾廣場大樓外牆上閃爍的ＬＥＤ燈就像一群人在做體操，而就在那棟大樓正後方的東子洞蟻居村裡，有一千零五十四人[21]委身其中。雖然乍看之下會覺得東子洞較其他地方溫暖很多，社區以居民互助團體「東子洞交流中心」（愛的社區互助合作社）為主運作，只要付三十元即可加入，並用居民自己的錢當成資金，提供有困難的人貸款。跟其他蟻居村相比，這裡的居民關係較為和睦，能夠深刻地感受到大家的互助合作。

「老金說他要刻印章，問說可不可以拿個五百塊？」

「不可以，不要給他，金先生肯定會拿那筆錢去喝酒，絕對不能給他。」

---

[21] 原書註：少數散居在鄰近葛月洞、厚岩洞蟻居房的人口，也都算在東子洞的人口中。

如果是一般的銀行，遇到這種說自己需要用錢的人，肯定不會拒絕，但這裡的資金是上百位鄰居一百元、兩百元這樣湊出來的錢，大家都有「只有在居民真正有需要的時候、幫助居民重新站起來的時候才能使用」的共識。「來！拿去！」一位老先生將不知道存了多久才存到的三百元拿出來，臉上同時帶著害羞與驕傲的表情。在這個將人類變成小零件，只看用途與生產力的社會，他們很少有機會能感受到自己的價值與成就。

或許是因為有互助會，且經常在媒體上曝光，東子洞的便利設施較其他蟻居村多很多。蟻居村正中央有一間公共洗衣店，ＫＴ集團幫忙蓋的希望分享中心有洗衣間、淋浴間等便利設施，同時還有幫助居民自力更生的公共作業場。再加上龍山慘案真相調查委員會、露宿者行動聯盟、貧困社會行動聯盟等團體，也都與東子洞的居民相處得十分融洽。

「記者小姐，我們想把報紙分給居民看，請問有辦法拿到四千份嗎？」

「比地頂考更不如的蟻居房」報導刊出之後，我收到露宿者行動聯盟李東賢先生的Telegram訊息。最近一份報紙是三十元，四千份的話就是十二萬元，即使以反貧窮行動為號召的團體說有這筆錢，我也無法放心地說收就收，而且要找到過期的報紙其實並不容易。

「不然不要買報紙，直接買ＰＤＦ電子檔然後影印給大家吧。」

仔細思考過我的提議之後，李先生表示他會去買PDF電子檔。一直到那個時候，我都還認為他應該只是要把報導影印分給居民，頂多就是貼到「東子洞交流中心」的布告欄上，完全沒想到他會親自編排「蟻居房新聞集錦」，並將這篇報導發送給首爾市區內的所有蟻居村，當然更不知道這篇報導對蟻居房居民來說，竟具有這麼大的意義。五月中旬開始，行動聯盟的人就將這篇報導發送給首爾四大蟻居村內的每一戶人家，蟻居村居民看到上頭的日程與地點，便在指定的時間聚集到活動地點。

於是五月二十九日，我站到了東子洞希望分享中心的講台上，面對或許比我這個「蹩腳記者」更像「蟻居村專家」的四十多位居民。為了解蟻居房的平均月租為什麼比首爾市的豪華公寓更貴，擔心且好奇這麼惡劣的環境是否會因為都更而消失等等，居民們犧牲了自己的晚餐時間，主動來接受「居住權教育」，有些人甚至從其他蟻居村遠道而來，每個人的手裡都握著一本「蟻居房新聞集錦」。

「記者小姐，居民們不太熟悉這種演講……希望妳在演講的過程中，可以盡量多安排休息時間。」

我本來就很緊張了，這時又有多位工作人員進來叮嚀我。在此之前我所面對的人，大多是準備報考報社的準記者、地方記者、參加記者會的業界相關人士。其實面對這些飽讀詩書的人演講還比較輕鬆，因為接下來我將面對的這群人，在生活中經歷百般磨難、沒讀過多少書，卻是這個領域的專家，我一個年輕記者究竟該如何突破困境？廉價的投影機投出的影像十分模糊，簡報的解析度低到難以辨識上頭的內容，我唯一能夠依賴的，只有花費五個月準備報導的這份真誠。演講時間是兩個小時，我握著麥克風，艱困地說出自己的名字。

「大家好，我是韓國日報的記者李惠美。」

我緊張到了極點，甚至能聽見自己的心跳聲，背部與腋下都瘋狂冒汗，而就在這時底下響起了掌聲。

本以為這會是非常艱困的兩個小時，聽眾的反應也與工作人員預告的不同，蟻居房的居民從未離席，反而很認真地聽我演講。他們的眼神閃爍，不時在「蟻居房新聞」上做筆記，絲毫沒有分心，專心的程度甚至能讓事前擔心的人感到慚愧。

「首爾市三百一十八棟蟻居房屋的實際持有人，大多數都是富裕階層，他們住在其他地方，並且找一位中間管理人協助收取房租……」當我在解釋韓國日報的報導時，大多數的居民會回應我的每一句話，他們說：「蟻居房的人都知道這件事。」而當我在檢視實際持有人的背景時，他們則不滿地表示：「因為能賺錢所以他們才來插旗。」

到了問答時間，居民們爭先恐後地舉手想跟我說話，但其中沒有任何一個問題讓我感到困擾，大多都是對記者與報導表示感謝。有人站到前面來呼籲大家關注這件事，希望不要只是一篇報導就結束，提醒未來大家也要持續關注蟻居村的問題。有些人則將無人傾訴、讓自己感到困擾的難處提出來討論，其中也有看了「蟻居房新聞」之後，從昌信洞蟻居村特地來到現場的安賢秀（六十一歲）先生。

「雖然政府有露宿者保護設施，但我一直覺得這樣下去人生就會完蛋，所以大約在一年前搬到鐘路區昌信洞蟻居村，在那裡找房子的時候真的讓我很生氣。我說『這種地方沒有淋浴間要怎麼住』，管理者卻回說『不喜歡的話你就走吧』，也就是說我不要還有很多人要來住的意思。市政府、區公所好意幫蟻居村蓋公共生活設施，反而是屋主以『擺爛』的方式來面對房客的要求。」

很多人開始抱怨以平均月租六千五百元來說，蟻居房的環境實在太過惡劣，甚至有人提到屋主不裝房門，他們只能靠防風塑膠布過冬，許多情況實在令人難以置信。有人說到某年冬天水管因為結凍而破裂，導致戶外的鐵製階梯結冰，卻聯絡不上屋主，使得住在二樓的老人家完全無法出門，這種泯滅人性的事情竟在首爾市中心上演，令人人都憤慨不已。

「這裡的居民大多介於五十至七十歲，大家之所以會來到這裡，都有各自無可奈何的原因，屋主卻剝削這些一無所有的苦命人，不能再讓他們繼續作惡。看到這篇報導真的很開心，希望記者先生小姐可以繼續報導，讓首爾市政府出來規劃大快人心的整治政策。」（五十七歲，尹龍柱）

在人群中認真聆聽的金東信（五十六歲）先生，這時也舉起手開始發言：

「就算下雨漏水，我們也只能埋怨屋主，其他什麼都不能做。廁所的地磚破掉了，我們每次都很怕會割破腳，但也不能請屋主來修，因為怕會給自己和鄰居帶來麻煩，但今天聽完這些內容之後，我以後會理直氣壯地向屋主要求，I can do it!」

社區的大家一致鼓掌、歡呼。

在這場以報導為契機進行的居住權教育演講之後，我在六月中旬於首爾市政府前舉辦的蟻居房居民居住權保障文化季上，再度聽見這些人的消息。約莫三十位居民舉著寫有「拯救蟻居房居民」的厚紙板，要求政府保障因蟻居村開發而遭受侵害的居民權益。

居民坐著抗議的區域不到十坪大，但四周圍繞著的警察卻圍起了黃色的「禁止進入」警戒線，警告他們「不要越線」。

電影《寄生上流》之所以悲劇收場，正是因為下層居民「越線」所致，而我們這個社會的「線」，究竟畫在什麼地方？那條線又是由誰所繪製？為什麼底層的弱勢族群只能停留在線外，被隔離在名叫蟻居村的特定貧民區？而應該停留在線外的標準又是什麼？是否仍是依靠「金錢」與人的「用途」區分？或者是電影中不斷提及的，人們身上所散發出的味道所致……

這些都是無法立即回答的問題，作為寫出〈比「地頂考」更不如的蟻居房〉這篇報導，揭露「貧困經濟」真相的記者，認為這個世界的偽善實在令人作嘔，但也只能帶著難過的心情遠遠地看著這場集會。

想到不回應報導的國家、對底層不屑一顧的政治，便意識到我是否太過簡化現實，給了居民們不切實際的希望……令我自責不已。

那之後又過了四個多月，十月二十四日那天，國家發表跨部門政策「兒童居住權保障等居住補助強化政策」，針對蟻居房、考試院裡的弱勢族群所提出的政策，被囊括在一個「等」當中。政策雖然反映報導中提出的所有問題，顧名思義就是一個「綜合對策」，但不知為何我卻開心不起來。沒有人對「兒童居住權保障等」這個名稱提出意見，更沒有人對補助弱勢兒童居住一事提出任何疑問，這都是因為如果明白地說要把稅金用在都市貧民身上，會讓大家覺得很可惜，但用在兒童身上就沒有問題。承辦的公務人員表示「為了盡可能減少國民的反彈，所以將兒童擺在第一優先」，再漂亮的話都無法掩飾這句話有多麼虛無。國家就這麼帶頭，將貧民的存在從世界上抹去。

與朴先生重逢

這段時間我都沒有和朴先生聯絡，我心中一直感覺對他有所虧欠，擔心他會不會被趕出去、有沒有生我的氣，完全沒有勇氣先跟他聯絡。其他電視台的製作人因為我的報導而前往當地拍攝，根據他的說法，報導刊出之後整個社區寂靜得像是廢墟。只要拿起攝影機，居民就會開始狂罵「韓國日報」，為了確認真相而採訪居民時，卻只能聽到變聲處理、剪接都起不了任何作用的各種髒話。我只好以在這樣的情況下，無法再到社區去跟朴先生見面、工作很忙、傷口好不容易結痂，最好別再去碰等理由為藉口安慰自己，以為與朴先生的緣分到此為止。

「叮咚！」

還記得我說冬天要請他喝肉湯的朴先生，在秋天主動跟我聯絡，準確來說，是傳了一個手機遊戲的「愛心」給我。我認為這是一個無言的訊息，意思是「現在不會尷尬了，請主動跟我聯絡」。我厚著臉皮問他：「你過得好嗎？報導好像給你添了很多麻煩，我無法主動跟你聯絡。」而他只是回說：「我過得很好，小姐妳過得好嗎？

「妳是為了做好事才這樣，但大家都往壞處想，我也覺得很不好意思，希望能在別的地方跟妳見上一面聊聊天。」

一瞬間我在想，這如果是一則以手寫字寫成的訊息，那應該會像是剛學會寫字的文盲老人，以歪七扭八的字跡寫成的一封信。雖然文法跟標點符號都亂七八糟，卻能感受到朴先生寬厚、溫暖的心，從字裡行間都能感受到他的溫度。

「謝謝你的諒解，在那之後我一直掛念著你，也一直想跟你聯絡。」

我鼓起勇氣傳出訊息，接著在五分鐘後得到回覆。

「我也跟妳一樣。」

當下我認為應該直接跟他見面，把事情的始末說清楚。他是我短暫的記者生涯當中，遇過最好的採訪對象，我認為這麼做是表達對他的基本尊重。二〇一九年氣溫首次降到零下的那一週，我為了請朴先生喝肉湯，跟他約在南大門市場附近的韓國銀行前見面。約莫是一年前的今天，我還為了撰寫「今年入冬最低溫的蟻居村風景」新聞，前往蟻居村與朴先生見面，現在回想起來實在是五味雜陳。朴先生說他只要「一般牛骨湯」就好，但經過我多次說服，最後點了兩碗單價五百元的「特製牛骨湯」，這樣客氣的推辭，讓我深刻地感受到他有一顆溫暖的心。

朴先生說他並不想聽記者的辯解，當然，報導刊出之前，我也曾經跟他說明過採訪的目的與報導的主題，但這篇報導還是讓他在那小小的社區裡陷入困境。因為擔心他會遭到報復強制退租，我還特別請反貧困運動組織的人，幫忙多注意朴先生，畢竟在那篇報導刊出之後，我的情況形同被禁止進入昌信洞蟻居村。為了因應緊急狀況，我還特別撥了一筆錢，以幫助朴先生在不得已時能找到一個臨時落腳處。幸好從結果來看，這個社區還沒有冷酷到能把在那裡住了二十年的他趕走。

「大家不會去想到根本的問題，因為賺錢已經很辛苦了，只要能拿到泡菜、白米就很開心，所以社區的人當然會討厭那篇報導。我能夠理解小姐妳為什麼要寫這些內容，現在事情都過去了，蟻居村的人過了一天就會把事情忘記，請不要太在意。」

朴先生反過來安慰我。他說「要去想最根本的問題」，讓我重新審視了人的聰穎與觀察力的定義。朴先生「沒有上學」，所謂的「明智」必須是有高學歷、在社會上有一定地位的人才能匹配的形容詞嗎？從朴先生說的這句話來看，我相信無關學歷，每個人都有更為「明智」的潛力，這樣的氣質會在待人處事的過程中慢慢培養出來。二十年來朴先生被困在一．五坪大的蟻居房裡，是我們社會的錯誤也是損失。二〇一八年十一月十一日，能在昌信洞蟻居村裡遇見朴先生，是我人生中屈指可數的好運氣。

第二部

大學街新蟻居村

家這個空間，一定要保護住在裡面的「個人」，
但這種虛有其表的隔間，
絲毫不能阻擋聲音、溫度、私生活、味道。
在這一切都顯得簡陋的房子裡，
必須要經歷的事情其實是不必要且令人感到羞愧的。

首爾大學街套房村因非法隔間，逐漸成為「新蟻居村」。外縣市的學子懷抱平步青雲的夢想來到首都，在這「一個房間」裡展開首次的獨立生活，但為了多收一些月租，有些屋主甚至將這樣一個房間隔成兩個、三個，建立他們必勝的「投資公式」。同時屋主們也誓死反對大學新建宿舍，而行政機關更默許這些如毒蘑菇般不斷擴散的「新蟻居房」。大學之所以始終以消極態度處理宿舍事務，其實是許多因素綜合起來的結果。

二〇一九年的現在，生活在大韓民國但卻沒有資本的貧窮青年，為了堅守最低限度的生存條件不斷掙扎，渴望擁有「一小塊」足以委身的空間，而有人卻利用他們的「貧窮」與「困境」謀取暴利，以近乎剝削的租賃行為累積個人的財富，此一現象又名「貧困經濟」。

「住房難民」自傳故事

二十多歲的我是「住房難民」

「這個學期該住哪裡……」

大學時期，一到了開學前三個禮拜，我就會緊張得心跳加速。這個學期該住在哪兒、該怎麼找房子、該怎麼籌月租、是否要再多打幾份工……煩惱這些與生存息息相關的問題，最後都會歸結到「我也沒有想出人頭地，只是想好好讀書而已，為什麼要過著這麼悲慘的生活」，進而陷入愁雲慘霧之中。

「宿舍（一個學期一萬七千至兩萬元）↓下宿[22]（一個月九千四百元）↓半地下室套房七個月

[22] 譯註：通常會與房東或管理人同住，有供餐、有個人獨立房間，共用衛浴的家庭分租形式，大多出現在大學周邊。

（押金二十八萬五千元，月租一萬元）→出租公宅[23]（押金兩萬八千元，月租二千五百元）→新社區隔間型套房[24]（押金二十八萬五千元，月租一萬元）→大學生房屋押金貸款[25]（押金二百萬，每月利息三千一百元）」上述的租屋型態演變，是我從二〇〇九年進入大學就讀之後，一直到二〇一四年止短短五年六個月期間，在首爾「留學」時所經歷的租屋型態。幸好我家不是窮得「不上不下」，而是窮得「很徹底」，讓我能夠獲得各式各樣的福利補助。當然，這也不是什麼天上掉下來的好運，是我寒暑假期間狂翻出租公宅資訊、學校出租網頁才得到的結果。

或許有人會說，二十歲時能夠搬出家中經濟獨立是一種「浪漫」，但這對好不容易能靠獎學金到首爾讀大學，並帶著入學前兼職家教攢下的兩萬八千元來到首爾的我來說，無異於是在野外自生自滅。當時的我認為，「家」絕非是讓人感到安全的休息空間。

因為實在太窮，我從來不敢想租月租一萬一千元以上的套房，二十八萬五千元的押金是家裡所能給我的最大支援，而我很清楚，很多家庭甚至做不到這一點。

住在月租剛好一萬元的套房時，我因為強迫自己在除了生活必要開支之外，每個月還必須存下一點錢，所以一口氣接了四個家教，同時還在校內打工，每個月收入將近五萬七千元，這樣的做法甚至為我贏得「富豪家教」的外號。雖然打這麼多份工並非出於自願，不過這也讓我得以靠著這筆錢，在大三那年到美國紐約留學，並自給自足地讀完加上延畢共五年的漫長大學生活。當然我也非常清楚，即使貧窮，我還是能夠從事「家教」這項高收入的打工，而且之所以能夠爭取到競爭率高到誇張的校內「爽缺」，是因為我就讀知名私立大學，有大量來自富裕家庭不需打工的學生。

雖然跟我一起住了一年的室友，從來不曾打掃過房間的環境、雖然洗澡時必須提著沐浴用品到公共淋浴間、雖然放在公共冰箱內的養樂多總是不翼而飛，但一個月付一萬七千元至兩萬元的租金就能入住的學校宿舍，以「居住的穩定度」而言可說是最好的選擇。

升上二年級之後，學校便不再管學生家住得有多遠、經濟狀況有多差，只是通知學生為了新生入學，舊生須一律退租。我不想伸手跟母親要租房子時需要的「高額押金」，於是整個冬天都在為二年級的落腳處奔走，堅持不到最後關頭絕對不會屈就於「考試院」這種環

㉓譯註：由政府或政府相關單位買下既有房屋後，經過修繕、維護，再以低於市價的方式出租給低收入戶、弱勢階層。

㉔譯註：俗稱「月租房」。舊式的套房除廁所外並無隔間，新式附隔間的套房則是將廚房或陽台等空間隔開。

㉕譯註：因應韓國特殊的租屋形式「傳貰（俗稱：全租）」（韓國特有的租屋形式，房客租屋時支付房價約四分之一至三分之二不等的金額給房東作為押金，便不需要每個月繳納月租。房東可以這筆押金進行投資，房客約滿退租時可將押金全數拿回。）而生的貸款方式，提供大學生一筆押金以承租傳貰房。

境。最後我搬入位於京義線的鐵軌旁，一個月要價九千四百元的下宿，我決定選擇比一人房便宜的雙人房，跟素昧平生的人一起生活。

本以為雖然在鐵軌旁邊，但至少晚上應該會很安靜，沒想到不到半個月，我就因為凌晨每二十分鐘一班的火車離開那間下宿，搬到另一間半地下室的套房。當初我只想到白天會有客車運行，沒想到深夜也會有載運貨物的貨車。載運貨物的火車在深夜裡來來去去，每一次火車經過，這棟老舊獨棟住宅的牆壁與窗戶便被震得嘎吱作響。

因為覺得遠方傳來的火車行駛聲會令我心跳加速，繼續下去可能會罹患精神疾病，再加上連從冰箱裡拿顆「雞蛋」出來吃，都必須要看下宿房東的臉色，所以下宿住不到一個月，我就搬到附近押金二十八萬五千元，月租一萬元的半地下室套房。

我在那間套房的室友是「蚯蚓」和「灶馬」。因為不想用「公共洗衣機」，所以我便請房東幫我在陽台放了一台個人洗衣機，或許是因為這樣，從某一刻起，我的陽台每天都能看到一隻蚯蚓。不知道牠們究竟是從排水口爬進來，還是從某個我找不到的縫隙鑽進來，總之，我必須每天拿樹枝將蚯蚓丟到路上，這對我來說簡直是場酷刑。如果刻意不處理蚯蚓，牠們就會被陽光晒乾，皺巴巴的樣子宛如一條乾掉的臍帶，這些蚯蚓乾會發出腐爛內臟的臭味，就這麼黏在地磚上，牠們不再是屍體，而是變成一道「痕跡」，於是我必須天天用漂白水清洗陽台。

而位於半地下室的大門，鑰匙孔總是動不動被灶馬占據，我經常要逼迫牠們離開鑰匙孔去其他地方散步。你或許很好奇，為什麼我不把這些情況告訴屋主？在學校附近要用這個價格找到能住的地方並不容易，再加上已經搬過幾次家的我，對這種情況早就習以為常。最重要的是，當時還很年輕的我，完全不知道原來房客也有所謂的「權利」。

二〇一〇年夏天，以日期來看應該已經進入秋天，但卻熱到近乎需要發布高溫警報的程度，我迫切地想吃碗冷麵消消暑，偏偏繳完房租之後，戶頭裡的餘額只剩下不到十元。約莫十年前，還沒有推出結合交通卡的信用卡，我必須每天儲值固定金額到交通卡裡。那天，在麻浦區城山洞結束家教打工之後，坐在公車站的我想到一個省錢妙招，那就是從這裡走回位於西大門區延熙洞最北邊的租屋處，大約只要花一個小時就能走到，但天氣熱到我幾乎要融化，體力不容許我這麼做。當時我好像呆坐在公車站三十分鐘，後來便傳了封求救簡訊回老家，給當時正在工作的母親。

「媽，匯個三百塊給我吧，我現在手頭沒錢。」

母親自然不可能知道我是在什麼情況、什麼心情下傳這封簡訊，於是她匯了三百元「整」給我，我立刻到附近的連鎖小吃店吃了一碗冷麵，如果沒吃這碗冷麵，我可能會因為覺得自己太可憐而在路上大哭。接著我上了公車，戶頭裡還剩一百一十元，這是每當我面對自己的貧窮時會最先想起的事。

大學時期因為沒錢而發生的悲慘故事多得不勝枚舉，在這麼坎坷的情況下，一個「二十多歲」青年的生活，絕對不如青春連續劇中描繪得那般清新，也沒有成長小說勾勒的雄心壯志。雖然將重點擺在貧困上，進而去比究竟誰比較不幸是沒有意義的空談，不過我想，當時的我與蟻居村老人或街友唯一的不同之處，就是只要我積極投入非正規的兼職就業市場，就能迅速賺到當月的月租。因為我的學歷、年輕與個性等個人特質都是市場喜歡的條件，所以我才能賺足學費，好不容易能從大學畢業，但即便如此，每個月到了要繳月租時，那份「可能會被退租的恐懼」仍然困擾著我，也使得對居住不穩定的擔憂成為我心中的恐懼。

成為記者、在制度內安定下來之後，我最先實現的目標，就是擁有一間屬於自己的安穩公寓。即使現在我不需要擔心自己被逼到懸崖邊退無可退，但我還是害怕、避免提及自己的貧窮。在這個以貧窮為恥的社會，克服貧窮的經歷不僅無法成為「白手起家的神話」，反而會被當成為人心狠手辣，只會拚命違抗體制、費盡九牛二虎之力才擠進體制內的故事。

不過就在距離二〇一九年結束剩不到一個月的現在，我想要對自己的貧窮更為坦率一些，二〇一八年十二月至二〇一九年十一月連載的「居住三部曲」帶給我很大的影響。繼報導兒童居住問題的〈坐困房間的孩子〉、報導蟻居村貧困經濟與弱勢階層居住問題的〈比「地頂考」更不如的蟻居房〉之後，我發表了報導青年居住問題的〈大學街的新蟻居村〉，隨著這一連串企劃的實現，我也感覺自己獲得某種解放。現在是時候把過去一直令我感到羞愧、深藏在心中的貧困說出來了。不，我渴望的是希望藉著自己的貧窮過往，造福更多人群。

為了能夠不因貧窮而感到羞愧的未來，我將繼續書寫。手持最新款的智慧型手機與3C產品、在最適合上傳Instagram的漂亮咖啡廳拍照、一刻也不間斷的精緻餐飲（Fine Dining）行程、一有休假就到東南亞或歐洲旅遊等行為的背後（這一切都是為了隱藏自己的貧窮），深藏著我們這一代人「看不見的貧窮」，而我希望能夠藉這些文章，將背後不為人知的貧窮攤在陽光下，更期待能藉自己的文章，再一次地提醒：當所有人都在談論貧窮時，那就表示貧窮並非是源自於個人的不努力，而是結構的問題。

逆勢飆升的青年居住貧困問題

俄國文豪托爾斯泰的作品《一個人需要多少土地》當中，做出了一個結論：無論人再如何貪心，埋葬他的土地仍只有僅僅「六英尺」（約一百八十二公分）。

「一位青年需要幾坪的空間？」

這是首爾市車站商圈內的青年住宅，對我們這個社會提出的疑問。二〇一九年九月，「首爾市車站商圈青年住宅」發布招募入住者的公告，社群平台上立刻針對「五坪爭論」展開一場筆戰。針對「僅能為大學生和青年朋友提供五坪（十六平方公尺）空間」的公告內容，理想派的人表示「難道是要青年朋友只能住在雞舍嗎？」而現實派的人則提出「對從外縣市到首爾的青年來說，只要是便宜的五坪那就很珍貴」等意見反駁。

若這世界上只有文學帶來的浪漫與充滿教訓的人生固然美好，只是上述這個平鋪直敘的問題，已經不僅只是一種隱喻或比喻，而是社會各界針對當前青年族群的生存問題所提出的討論。如果是個更美好的社會，那絕對不能說出「對青年來說，有個能讓一個人躺下的空間就夠了」這句話。青年是生活在我們周遭的真實人類，也是渴望讓生命更加美好的主要動力。

我自認為年輕時曾具有「居住難民」的身分，看著「五坪」成為人們激烈爭論的話題，實在感到淒涼且心痛。我曾在找不到房子時，與同樣承租過出租公宅、處境類似的兩位朋友一起住進共租公寓，也有用盡一切努力，不斷尋找租屋福利優惠的經驗，所以我明白即便只是「五坪」，但公共住宅所帶來的居住穩定性確實彌足珍貴。

與此同時，在政府規定一口之家的最低居住標準是十四平方公尺（四．二三坪）的情況下，這樣一棟打著公共為號召的住宅，卻只能提供比最低標準稍大一些的五坪空間，確實也值得受到公評。無殼蝸牛聯盟委員長崔知熙批評：「打著公共為號召，卻只能提供五坪的出租套房，肯定會讓一般的租賃業者，有藉口提供更小的套房給一般承租戶。」由於市中心擁有許多社會建設、有形與無形的資源、無限量的機會，所以無法容許窮人進駐，要求他們「沒有錢就必須住在郊外」，從這一點來看，這樣的出租公宅讓青年族群有機會住進車站商圈，確實也別具意義[26]。

[26] 原書註：韓國日報，〈若想斬斷「貧困經濟」，就必須將蟻居房納入法律體制〉，二〇一九年五月九日。

青年族群真的很窮困嗎？走在街上，可以看到如今的青年世代享受著富裕文明帶來的好處、過著豐衣足食的物質消費生活，但他們看起來卻非常貧窮。他們的Instagram上全是各地的美食、來來往往的海外旅遊紀念照，展現出比物質更重要的個人「愛好」。

當然，我們無法以「青年」這一個詞彙，囊括所有二十到二十九歲的年輕朋友。社會上既有就讀SKY大學（首爾大學、高麗大學、延世大學的簡稱）、首爾土生土長的中上流青年，就有來自重工業城市、學歷只有高中畢業的藍領青年勞工，更不用說從專科大學畢業、只能擔任約聘客服人員的青年朋友。不過由於「青年居住貧困」其實是許多年輕人第一次離開父母、搬離家中展開獨立生活會經歷的問題，所以在接下來的討論中所提及的「青年」，將會是以由於學業、就業等因素，從外縣市離鄉背井來到首爾，展開獨立生活等人口統計學上定義的特性為前提。

青年真的「很貧窮」。至少從統計數字來看，貧窮的徵兆顯而易見。在社會整體越來越富裕的趨勢當中，唯有居住貧困的比例逆勢飆升。雖然韓國整體的居住貧困比例從二〇〇五年的百分之二〇・三，逐漸降低至二〇一五年的百分之十二・〇，但唯有青年族群，尤其是首爾的青年族群例外。首爾的單身青年居住貧困比例從二〇〇五年的百分之三十四・〇，一路攀升至二〇一五年的百分之三十七・二〇二[27]。為了進入大學、累積經歷、準備公務員考試等，許多外縣市的青年紛紛來到首爾，他們無法獲得父母太多的幫助，大多只能住在考試院等非住宅形式的空間內，即使租了套房獨立生活，也會為了節省生活開支，而在低於「最低居住標準」的條件當中，過著廉價的生活。

貧窮、居無定所的當代青年是失根的蘭花，只能在各地漂泊。我個人在五年六個月期間搬了六次家的經驗，就足以說明一切。在租房時，長一點的可以簽下一整年的合約，但很多人會因為入伍、出國學習外語等各種情況，必須在合約到期前打包行李搬家。若獲得實習機會，就必須搬到距離公司較近的地方。再加上因為麻煩、因為屋主不准，無論是主動還是被動，很少有人會去辦理「入戶申報」，於是在房子裡遭遇的「不佳體驗」自然無法改善，就這麼轉嫁給下一位入住者，鬆散的年輕居民無法獲得政治上的力量，生活自然不會好轉。

相反地，既得利益階層串連在一起，樹立起堅固的政治高牆，每到選舉期間，那些必須

[27] 原書註：韓國日報，〈首爾每坪平均月租，公寓一千四百元VS.考試院四千二百元〉，二〇一九年十一月一日。

透過選票才能獲得公職的人，就會與老一代的資本家團結在一起。背棄與青年之間的約定，只為保護個人利益，絲毫不知羞恥地站出來煽動利己主義。青年世代的聲音無法傳達給體制內的政治人物，那些並沒有居住在當地，只有住址登記在選區的屋主的聲音，反而蓋過了真正的當地居民的聲音。看看每當發布計畫要興建大學宿舍、青年幸福住宅時，地區居民就會團結起來像蜂群一樣抗爭的情景吧。

二〇一八年，首爾永登浦區的一棟公寓裡張貼了一篇文章㉘，將青年出租公宅（車站商圈二〇三〇青年住宅）貶低為「貧民公寓」。公寓居民主導組織的緊急對策委員會，發表下列反對出租公宅的原因：

一、公寓價格暴跌。二、地質脆弱。三、交通混亂。四、影響日照權、景觀眺望權與周遭環境。五、社區將貧民化，成為犯罪的溫床等，損害社區形象。六、兒童青少年問題多，成為犯罪的溫床。七、保育權受影響，成為教育弱勢地區等。公宅都還沒動土、都還不知道是哪些青年入住，住戶就輕易地將青年族群當成是「潛在的罪犯」或「放蕩的青年」。

套房裡、考試院裡、半地下室裡、頂樓加蓋房裡，人被分子化、原子化，就像一個蘿蔔坑裡只能有一根蘿蔔一樣，人們彷彿就該待在他被認為應該在的地方。「緊急對策委員會」用強力的喇叭高聲抗議，蓋過了青年族群的聲音。只要到任何一間大學附近、任何一個地區去走一遭，就能夠看見這樣的情形不斷上演。二〇一三年反對高麗大學興建宿舍、二〇一五至二〇一七年反對漢陽大學興建宿舍、二〇一六年反對城北區東小門洞興建幸福宿舍……

「最令人害怕的，就是以小學生為對象的性犯罪。作為一個有女兒的媽媽，幸福宿舍讓我首先想到的是性犯罪問題。」「在住宅區興建具備商業性質的宿舍，真的合適嗎？年輕族群大舉進駐，會使居住環境變差，也很可能使性犯罪機率上升。」[29]

上述引用的內容，是居民反對東小門洞幸福宿舍興建時所提出的意見，至於我們的社會是否真的應該接受這些主張，將當代青年族群的生活推遲到「以後」再說，就交給各位來判斷了。

「區長、市議員、區議員、國會議員等透過選舉產生的公職人員，與從事非法租賃的業

---

[28] 原書註：韓國日報，〈「『青年租賃住宅』是貧民村……反對新建」永登浦區公寓引騷動〉，二〇一八年四月六日。
[29] 原書註：京鄉新聞，〈大學生幸福宿舍怎會成為「嫌惡設施」……居民為何反對？〉，二〇一六年十一月七日。

者沆瀣一氣，沒有人願意幫助一無所有的青年。

「大學宿舍之所以蓋不成，最根本的原因就是首爾市內的行政區等地方政府不願意發放建築許可。區長、郡守等透過選舉產生的地方公職人員，明明握有能規範非法建築的權力，但卻因為既得利益者對他們施加政治上的壓力，而使他們無法任意行使職權。」（韓國都市研究所長崔恩英）[30]

於是青年的居住環境更加惡劣，且需負擔一定水準的居住費用，這使得他們沒有餘力維繫生活。考試院一坪的平均月租是四千三百元，首爾市八個行政區的公寓一坪的平均月租是一千三百二十六元，考試院一坪的平均月租是公寓的三·二八倍[31]。每三名青年之中就有一人（百分之三十七·二）即使從事像樣的工作，或正在求職中，但仍處於貧困狀態[32]。

「年輕時就一定要吃苦，住在又小又貴的房子裡嗎？保障居住權是國家的責任也是義務。我租的房子光是押金就要十四萬兩千元，每個月還要付含管理費在內總計兩萬元的房租，常常不夠錢吃飯。薪水有一半以上要用來付房租，我不知不覺間成為『房奴』（House Poor）。」（二十歲大學生千其柱）[33]

屋主的蠻橫、不為青年發聲的政治、未盡到照顧學生居住問題義務的大學、只保護既成世代屋主的法律與政策，沒有任何一項對青年族群友善的條件，而為了了解青年朋友面臨「十人中有四人（百分之三十七・二）」成為居住難民的問題，我再一次前往第一線調查。

---

30 原書註：韓國日報，〈必須規範壓垮青年的租賃業，增加便宜的出租供宅〉，二〇一九年十一月五日。
31 原書註：大學生居住權網路二〇一二年調查。
32 原書註：金泰完，韓國保健社會研究院研究委員，「保健福利論壇」，〈青年貧困現況：青年，是誰陷入貧困〉，二〇一七年二月。
33 原書註：韓國日報，〈「年輕人到底要吃苦到何時？」，爭取居住權的青年〉，二〇一九年十一月五日。

大學街成為新蟻居村

信箱與電表道盡居住現況

「一、二、三、四、五、六……十七，這一棟居然有十七戶嗎？」

二〇一九年七月，一個站著不動都會汗如雨下的日子，我跟組上的前輩與實習記者，還有居住權團體無殼蝸牛聯盟的人，一起前往城東區漢陽大學的大學村「沙斤洞」探訪。這個地區曾在二〇一五年至二〇一七年之間，發生激烈的「反對宿舍興建運動」，地區居民與漢陽大學的學生之間，發生了極大的衝突。

這天我們的任務，是記錄規劃成套房，提供給大學生居住的七百五十一棟房屋的信箱、電表與瓦斯表。這些數值是告訴我們一棟房屋裡究竟住了「幾戶」的指標，再與記錄建造許可細節的建物所有權狀對照，就能夠推測出該棟房屋是否有「非法隔間」的問題。這是二〇一八年的兒童居住貧困企劃時參考的研究所提及的方法，我們打算藉由這個方法，披露青年居住問題的真相。雖然志向遠大，但我們才走沒幾步路就被烈日擊垮，衣服上印著汗水形成的「背包」痕跡。

不過即使大量脫水，仍無法阻止我們的調查。越是致力於奔走記錄這些數據，就越覺得這個社區藏有蹊蹺。因為我有「居住難民的經歷」，所以曾經以四處看套房為樂，十年前幾乎很難看到一棟房屋住了十戶人家的情況。當時的主流是從半地下室到二樓，每一層住兩戶人家，一棟樓最多六戶，最高的三樓則是住屋主一家人。雖然有時候會看到一層樓隔成三間套房，住三戶人家的情況，但當時頂多就是一地下室、一樓、二樓總共九戶，加上屋主住的三樓，一棟房屋總共住十戶。

我們看的房屋都是多世代、多戶[34]型態的集合住宅，是一些常見的紅磚建築，從外面看

---

[34] 譯註：是韓國的一種房屋形式，每一戶人家從同一個大門進出，再經由大門內的室外樓梯通往各自的家門，屬於舊式的公寓，外型通常是有半地下室，地上二至三層樓的紅磚建築。

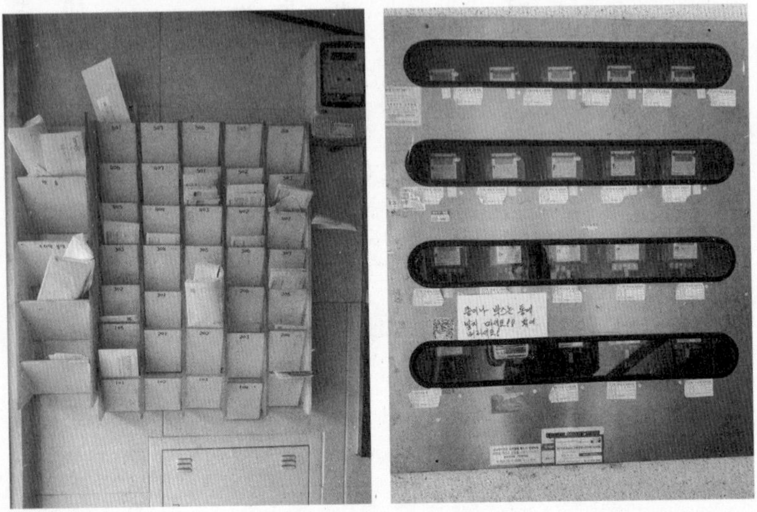

首爾城東區沙斤洞某套房公寓的入口，裝了超過三十個信箱和電表，這棟建築物年初曾因「不當隔間」而被區公所檢舉，但現在仍繼續從事套房租賃。

過去很難找到特別之處，但一看到建築物外牆上裝滿了瓦斯表，就能夠想像青年朋友住在這個四、五坪的空間裡，小到連晒衣架都無法打開的情景。

浴室小到馬桶與洗臉台緊鄰，淋浴的時候很容易把整間浴室弄濕，儼然像在打掃浴室。躺在不知道曾經讓幾個人睡過、微微凹陷的單人床上，靠一瓶啤酒慰藉自己的大學生，正是我五、六年前的樣子。

這些公寓的每一層樓有一個走廊，以走廊為基準，七、八個套房像是監獄一樣一字排開，怎麼看都覺得這種形式的住家應該是最近才發展出來的。而且在事前調查時，我曾在網路租屋社團看見「超迷你套房」這種前所未見的名詞。

「什麼啊？套房已經很迷你了，為什麼又要加個同義的『迷你』來形容套房？」我戲謔地說著，但卻絲毫沒有將這件事當成玩笑。在巷子裡穿梭，記錄每個角落的信箱與電表時，我也直覺地感受到「迷你套房」確實其來有自。

整理這些數字大約花了兩個月的時間，那次在炎熱的夏天承受高溫在外頭奔走，讓我們都精神渙散，後來便改在比較涼爽的時段再出門探查。

這段期間，我們的人員組成也有變動。公司內部的人事、各組的編制都經歷一波海嘯，企劃階段時與我並肩作戰的前輩被調去其他部門，我只能自己一個人煩惱、徬徨好一段時間。大環境改變的同時，之前的工作被迫中斷，我甚至曾經懷疑今年內不知能不能把報導寫出來，但記者能做的事情，就只有勤勞地跑現場、寫文章而已，所以我只能屏除時時刻刻湧上心頭的雜念，不斷重複做同樣的事。

「什麼？一、二、三、四……三十四個？這怎麼回事，這裡居然住了三十四戶！」

為了不要數錯，我小聲地邊唸著數字邊數電表，卻因為驚人的數量而不自覺地「呃」了一聲，緊接著嘆了口氣，這個面積怎麼看都不覺得能讓一層樓住進七戶人。

沙斤洞套房村的北側，有一個來自外縣市的學生當成「交流中心」的咖啡廳，那間咖啡廳開在一棟地上五層、地下一層的建築物裡，那棟建築物的入口有三十四個信箱，外牆上則掛了三十四個電表，房門口貼的房號也跟這個數字一致。最令人驚訝的一點是，從外觀上就能看出至少住了三十四戶的這棟建築物，登記的是只能讓「一家人」居住的獨棟住宅與近鄰生活設施。二至四樓在資料上登記的是「讀書室」，但現場卻看不見讀書室的蹤影，只有成串的套房。法律規定興建住宅時，每一戶都必須有一定的停車場空間，屋主或許是覺得珍貴的土地拿去蓋停車場了，不如將原本申報為近鄰生活設施的空間改成套房當補貼。雖然這棟

號稱漢陽大學村的首爾城東區沙斤洞一帶，有七百五十一棟套房建築，圖爲將當地建物所有權狀攤開，分析哪些是非法建築的情景。

建築物已經在二〇一九年一月，因違反建築法而遭到檢舉，但現在仍正大光明地繼續套房出租事業。

一棟建造時預計給九戶人家居住的房屋，竟連停車場的四面全都改造成套房出租，而且信箱已經被沒有整理的印刷品塞滿，似乎沒有人管理。垃圾分類的放置處寫著中文，顯示其中有不少來自中國的住戶。從窗戶的縫隙中，可以聽見住戶拿著開了擴音的手機，正用中文與其他人通電話。

這棟房屋的「信箱」也沒有騙人，一走進入口就能看見三十個信箱一字排開，上頭的電表同樣有三十個。文件上登記僅能讓九戶人居住的房屋，竟然隔成三十個套房，可以推測屋主的收益十分可觀。假設以每個月一萬一千元的價格出租，那麼租金收入就會從九萬九千元暴增到三十三萬元，再加上大學生不太會去申報住址變動，他們不需要報稅，也不需要拿房屋租金扣抵免繳稅額。不過我想，若出租人會誠實申報這些以現金入袋的收入，應該也不會做出這種非法隔間的行為。

我看了七十九棟房子，發現這種有超過十戶人入住的房子（信箱或電表其中之一超過十個就算）比例超過百分之八十二（六十五棟）。十棟之中有八棟都是新屋，其中有二十八棟（百分之三十五・四）已經因違法而遭到檢舉。而這六十五棟房屋的屋主，平均年齡是實歲六十・五歲，大多在一九五八年前後出生。不光是被逼到「地、頂、考」的青年族群陷入困境，也有許多青年付出高額月租，卻只能住在只有外表看起來正常的套房裡，這就是準「居住貧民」的青年族群的居住現況。

你的套房是「新蟻居房」嗎？

「大學街新蟻居房」

1. 將老舊的多戶住宅翻修，隔出兩、三個原本不存在的房間，並為其編排房號而形成的套房。
2. 若是新蓋的房屋，則在配合法律規範取得使用許可後，再施工隔成更多間套房。

屋主將多世代・多戶集合住宅的面積分割，隔出更多套房出租屬於任意變更建築結構，屬於建築法上明文規範的違法行為，但學生很難察覺建築物本身究竟是否違法。站在房客的立場，面積無法實際測量，只能靠相對的「感覺」衡量。即使覺得狹窄，但只要有乾淨的牆壁、地板、單一色調的家具、類似北歐風的極簡裝潢，就能夠用「新屋」「翻修」「附家具」等美名掩飾其他缺點，讓人容易忽略房子的本質。重點是，建築法、住宅法其實是連專家都難以完全掌握的複雜法規，這輩子第一次找房子的大學生，對屋主來說絕對是大大歡迎的客人。

其實只要觀察走廊，就能夠看出這間房子是否在翻修之後被分隔成多間套房。如果走廊上出現與原有磁磚不同顏色的磁磚，就表示那個區域是為了隔間而重新改造過的空間。以及打開１０１號的門，發現裡面還有１０１之１號、１０２之２號等房間的情況也很常見。可惜的是，如果是對隔間不太有概念的人，頂多只會覺得這棟房子的「結構很特別」。

另外，也可能會因為重新隔間而突然出現原本沒有的房號，所以才會發生１０１、１０２、１０３、１０４號房共用一個信箱的情況，這也代表是屋主將一間房子隔成四間套房出租。

建築師認為，這是屋主自私地為了收取最多的租金而做出的極端行為[35]。

「在隔間時會縮減廁所牆壁的厚度，甚至有些人會像考試院一樣裝玻璃隔牆隔出浴室空間，只因為覺得一個磚塊占的寬度太多。」

「一九九〇年代後期的套房，以商務公寓的標準來看最小面積是二十三・一平方公尺（七坪），但現在卻開始出現十二平方公尺（三・六坪）的套房，這甚至低於政府規定的一人家庭最低居住標準十四平方公尺（四・二坪）。這些套房雖然空間很小，但還是因為有流理台、冰箱、電磁爐等家具，所以月租反而比較高。」

不過現在的社會卻將青年的要求當成是不知足，成天把「年輕就是要吃苦」掛在嘴邊，同時各方面的物價還不斷飆漲，難道年輕是能夠克服所有剝削、惡劣環境的萬靈丹嗎？居住基本法規定的最低居住標準與各種規範，在屋主的貪慾面前都顯得蒼白無力。

不動產仲介甚至帶頭「企劃」這種非法隔間。如果有人詢問仲介說想買大學周邊的房屋，仲介總是會一貫地先向買家介紹該如何使用、該如何改造才能將收益最大化。

舉例來說，法律規定一般住宅都應該要能夠停放一定數量的汽車，所以房仲會建議屋主像考試院一樣，使用「公共廚房」拿到「多重住宅」許可，接著再違法在各個房間內安裝廚房，以套房的形式出租。也有很多人是取得零售店面、讀書室等近鄰生活設施的建照之後再

35 原書註：韓國日報，〈縮減牆壁厚度的「玻璃牆洗手間」……花招百出的「隔間」〉，二〇一九年十月三十一日。

改建成套房。

沙斤洞一間有註冊的房地產仲介公司表示：「五坪、六坪的價格差異不是很大，站在屋主的立場，既然可以隔成十個六坪的房間，那不如隔成十二個五坪的房間，這樣可以收到更多月租。」

不過「新蟻居房」看起來很難根除，因為即使被揭發，很多人仍不會改善。今年因為被揭發而改善的比例只有百分之五・五，不改善的原因很簡單。雖然屋主因非法隔間遭到檢舉時必須配合改善，若不配合糾正命令加以改善，就可能被裁罰「強制改善費」，但因為月租的收入比強制改善費多很多，站在屋主的立場來看，根本不需要配合糾正命令。不過在二〇一九年經過修法，將裁罰次數從最多五次修改為無上限之後，才稍微提升了法律的強制性[36]。

青年居住是韓國社會眾多問題的縮影，等同於不知何時會爆炸的定時炸彈。既成世代的屋主從青年世代身上謀取暴利，而對青年族群的剝削，則可能演變成「世代衝突」。此外，大部分來自外縣市的大學生，其居住所需的花費多由在故鄉的父母負擔，這也將加速「資源往首爾集中」的情況。如同「住在首爾就是一種經歷」這句話一樣，青年族群之間也開始出現首爾本地出身的中上層青年，以及來自外縣市的挑戰者青年等分類。

問題雖涉及許多層面，但其本質都代表在這個無情的城市裡，一無所有的人用盡全力仍無法向上爬，而握有資源者則不斷「剝削」他人的情況。

「過去還不會這麼殘忍地剝削弱勢，但現在社會變成這樣，才導致青年族群高喊『活不下去』，進而造成低出生率。未來若不解決這個問題，首爾地區的青年居住貧困率將會持續攀升，不結婚、不生子的情況將延續下去。」（韓國都市研究所所長崔恩英）

「『無殼蝸牛聯盟』每年都會以在外租屋的大學生為對象進行調查，最近在問答題裡，出現『吸青年血的租賃業者』這種詞彙的頻率變高了，我認為這代表青年世代的憤怒，已經達到某種程度的臨界點，這絕對與青年的居住環境有關。」（無殼蝸牛行動聯盟委員長崔知熙）

市中心的孤島，沙斤洞的祕密

「我在沙斤洞已經住了五十年，看著整個社區的改變。十七年前剛開始做生意的時候，

---

36 原書註：韓國日報，〈超越延遲履行違約金的月租……不把取締放在眼裡的租賃業者〉，二〇一九年十月三十一日。

這一帶還全部都是一般住宅，怎麼會需要套房？當時幾乎都是下宿。

「大約六、七年前吧？應該是七年前左右，從那時屋主就開始大翻修，房子的外觀不變，但裡面隔成好幾間，那個屋主就是帶頭反對蓋宿舍的人。請不要寫出我的名字或店名，這裡（這社區）很可怕的。」（於沙斤洞居住五十年的居民甲）

東南方有清溪川和中浪川，西邊則有沙斤嶺，沙斤洞宛如「市中心的島」，因為交通不便，很少跟外界來往，是只有漢陽大學學生與地區居民會進出的地方。從這裡必須要跨過清溪川才能抵達地鐵二號線龍踏站，附近沒有什麼工作機會，除了漢陽大學學生之外，幾乎沒有新的人口移入，而這個有一萬多人居住的安靜小社區，在二〇一五年漢陽大學發表興建宿舍計畫時成為戰場。

其實沙斤洞長期以來，一直負責支援漢陽大學的學生居住問題，社區的人口結構與氣氛演變大受學校影響。沙斤洞總面積為一・一平方公里，其中有一半是漢陽大學的校地，除了公寓、集合住宅之外，其餘大部分住宅都提供給漢陽大學的學生承租。

統計數字證實了這點。居住在沙斤洞的二十至二十九歲青年比例為百分之三十五・九[37]，超過首爾市平均百分之十四・九的兩倍，而一人家庭的比例是百分之六十一・九，大幅超越首爾市平均的百分之二十九・四。當然，考慮到大學生不太會申報居住地，實際的比例很可能更高。

就是這種情況帶動一股「翻修」熱潮，但這其實是戴著「新屋附家具」面具的「非法隔間」工程。雖無法明確地說這種風潮究竟是從何時開始，但綜合居民的說法來看，時間點大約是五至七年前。

「我在這裡做生意已經超過十六年了，大約是從五年前開始變成套房村的。之前都是一般住宅，客人也是主婦居多，現在都改造成套房了，學生也越來越多。將房子改造成套房的人把這當成事業在做，所以要是蓋很多宿舍，他們就會有很多空房。現在新套房越來越多，舊式的套房反而都空下來，房間還比學生多呢！所以反對蓋宿舍的時候，套房業者都會帶頭。」（沙斤洞H美容室老闆）

雖然大學編制內的學生逐漸減少，但編制外的中國留學生不斷增加，「隔間房翻修」便

---

37 原書註：二〇一九年第二季首爾市居民登錄標準。

二〇一九年九月二十七日下午，首爾城東區沙斤洞一間不動產的玻璃牆上，貼著社區套房的出租資訊。

日益盛行。二〇〇九至二〇一五年，漢陽大學還只有約七百名的中國籍留學生，到了二〇一七年增加至一百零六十三名，這也是為什麼沙斤洞每一間套房的玄關都掛著中文說明，走在巷子裡隨處都能聽見中文[38]。

一般家庭消失，沙斤洞二、三、四口之家的比例僅分別占整體比例的百分之九・八、百分之七・八、百分之三・一，遠低於首爾市二、三、四口之家的平均比例百分之二十四・五、百分之二十一・五、百分之二十四・三。如今社區雜貨店成了便利商店，而獨棟住宅林立的巷弄，則掛滿「套房」的看板。

商圈變化是必然的，但已在社區裡落地生根的生意人卻不歡迎這樣的改變。在沙斤嶺另一側大馬路邊販售食材的六十多歲男性，就大聲地說希望這社區的套房都消失。在社區裡遇到的居民，都異口同聲地表示：「社區本來就很小，之前已經為了套房的事情吵過一次了。」說完還不忘叮嚀說千萬別寫出他們的名字或店名。

「大約十五年前，房子就開始被改造成套房了，這五、六年之間幾乎變成套房村。學校

---

[38] 原書註：韓民族，〈大學隊住宅區型態・人口的影響……需研擬宿舍雙贏方案〉，二〇一七年十二月八日。

明明就應該要有宿舍，但因為有套房的業者反對，所以才蓋不成，但站在我們生意人的立場來看，要有居民搬進來才行啊，都只有套房的話整個社區會死掉，當然越來越落後。學生哪有什麼錢？所以這一區原本的商圈大多消失了，現在真的很難討生活。我已經在這裡做生意二十一年了，現在的收入跟一九九〇年代剛開始做生意時相比剩不到十分之一。我覺得這些叫做套房業者的人，根本不是為了生計在經營套房，而是營利，就像在投機。」

「不是住在這裡的老人家，買下一、兩間套房出租嗎？」

「雖然也有這樣的人，但大多數是外面的人把房子買走再出租。有錢的人來投資，再把房子改造成套房，然後自己住在別的地方。只要有十個套房，每個月最少能賺十四萬，最多能賺二十二萬。」

「這裡的套房屋主都反對學校蓋宿舍嗎？」

「不是所有人都反對，而是有幾個人帶頭反對。他們會找人去示威，那些人都是為了營利，不是為了討生活。把問題鬧大的人都不是只有出租三、四間房間的人，而是擁有好幾棟套房公寓的人。」

「那些人都是合法出租嗎？」

「當然是違法的，他們都會在頂樓加蓋再出租、把原本的房間隔成好幾間出租，這些都是違法的啊。」

為了預計在十一月刊出的〈大學街新蟻居村〉報導，十月初時我每天到沙斤洞與往十里一帶打卡上班，這段時間從居民嘴裡聽到的事情更讓我感到離奇。比起我自己耗費時間精力找出的資料，他們的每一句話反而能提供更多的線索。我偶爾會想，人生在世為什麼要面對這些麻煩的事情，真的讓我覺得又累又難過。

「妳是記者嗎？」

杏堂洞一間咖啡廳的老闆問我，這是我每天都會報到的地方。因為怕自己的意圖被發現，所以我只有在採訪的時候才會進入沙斤洞，並把基地設在位於沙斤洞與杏堂洞交界的咖啡廳，在這裡進行採訪或整理資料。老闆似乎是偶然聽到我在電話中提到「不動產」「投機」「翻修」等關鍵字，於是我回答他說「沒錯，我是記者」，他便說他不是故意要偷聽我的談話，只是偶然聽到一些片段。並透露這棟咖啡廳所在的建築物，其實也發生過同樣的事情，這些事情在大學商圈可說是稀鬆平常。

「兩年前現在的屋主也住在這裡，他把二、三樓都隔間、翻修成套房。妳有看到咖啡廳旁邊的不動產仲介吧？就是那個仲介規劃的。如果妳說想要買一棟房子，他就會幫妳計算收益、提供諮詢服務，這些費用當然都會轉嫁給房客。明年我這間咖啡廳的押金要提高到八十五萬，我只是個賣咖啡的，要去哪裡籌這一大筆錢……現在月租也是每三個月漲一次。」

那一瞬間我意識到，這一切並不是源自於一個特定的惡人，而是來自存在於各個角落的剝削與不合理。

他們反對蓋宿舍的原因

「一年級有新生宿舍可住，顧名思義就是新生才能住的宿舍。所以我在宿舍住了一年，到了二年級就沒申請宿舍了，因為沒申請到的機率很高，學校要到二月才會公告抽選名單，那時候好房子幾乎都被租走了。所以我決定不要抱任何希望，還是趕快找房子比較實際。」

（金某某，二十一歲，漢陽大學三年級）

大學的宿舍總是不夠。假設大學有十名學生，那首爾的大學宿舍平均數量甚至不足以提供一名學生入住。雖然隨著大學縮編政策實施，韓國國內的學生逐漸減少，但拚命想賺錢的大學，開始像無頭蒼蠅一樣地不斷增加外國留學生的數量，這也使得大學商圈呈現「飽和狀態」，進而讓「新蟻居房」得以趁虛而入，於是二〇一五年漢陽大學終於發表了「興建宿舍計畫」。

將住宅改造成套房的屋主們急得像熱鍋上的螞蟻，那時他們剛改造、新建完套房，準備從第一批入住者身上回收這筆錢。租賃業者很快組織「反對漢陽大學興建宿舍對策委員會（對策委）」，在每一條巷子口都掛上布條，寫著「強烈反對破壞杏堂洞、沙斤洞、馬場洞地區經濟的漢陽大學宿舍興建」，以學生總會為主體的漢陽大學學生則強力反抗，使得學生與租賃業者之間的衝突越演越烈。

站在第一線反對宿舍興建的對策委，在每一個階段都會招募人手進行示威、向行政機關投訴。據說參與調解的公務員，還曾經被投訴說在會議中對對策委員長罵髒話、丟東西、毀損器物。對策委員長向媒體哭訴說：「這一區的套房租賃業者大部分是六十、七十歲的地區居民，大學宿舍會危害他們的生計」，堅持反對宿舍並不是因為租賃業者太貪心，而是因為「生計型」的套房出租會受到影響。

既得利益階層甚至在政治上推波助瀾。二〇一八年六月十三日的地方選舉當中，出馬參選該地區民意代表的自由韓國黨候選人宣稱「將阻止危害當地居民生計的漢陽大學宿舍興建」，但因為引發爭議，該候選人當天就立刻收回這項政見。後來漢陽大學縮小宿舍興建規模，到了二〇一七年第三次送審才終於通過首爾市都市計畫委員會的審核，但至今仍未動工。

即便審核已經通過，對策委仍然不停投訴，激烈的宿舍抗爭已經持續四年多，我為了採訪而與對策委員長通上電話：

「最近我們正針對道路交通影響評估，向區公所提出異議。只要請到律師協助，我們還打算採取法律行動。和兩年前不同的地方，就是抗爭沒有以前那麼激烈了，我們現在也嘗試想要對話，希望能和漢陽大學師生之間營造好關係，也就是希望沙斤洞的開發，能夠為全體居民帶來好處。」（反對漢陽大學宿舍興建對策委員會委員長）

令我意外的是，高喊「誓死反對」的對策委員長，名下其實根本沒有任何套房。

「我們對策委的會員當中，地區居民就超過八百人，這一區的屋主幾乎都簽名連署了。會員都是地區居民，其中只有我沒有房子，這裡住的都是老人家，為了社區的人，我這個年輕人應該要站出來。」

委員長主張參與委員會的八百人全都是社區當地居民，這實在令人難以接受。他自己沒有從事套房租賃，卻花費將近三年的時間擔任代表。無論對鄰居、對自己生長的社區再有愛，「反對宿舍興建」這個議題還是容易遭到社會各界的譴責。他們的論述實際上並不足以支撐「反對宿舍」這個主張，也使得這個社區成為一級戰場。

學生之間甚至展開「不要滿足貪心的套房租賃業者，別住在學校附近，搬到其他地方去住」的行動。

在艱困的宿舍抗爭當中，漢陽大學協商負責人與承辦公務員每次開會時，都會有約二十名居民來到現場舉布條大聲抗議。這和當地居民說的「許多外地人為了投資來到這裡，只要站出來反對宿舍就有錢拿，他們總是衝第一個」不謀而合。宿舍興建紛爭演變成幾個擁有資產的人為了自己的利益，犧牲了學生生存不可或缺的居住權。

「當然，這個社區很老了，確實有一些爺爺、奶奶為了生計出租套房，我們這邊也為了協商而向委員會要名單和資料，但他們卻不給我們居民成員的名單。大家都在傳，說其實是擁有大量套房的屋主不想自己站出來，所以就提供委員會金錢上的援助。辦完居民懇談會之後，有一個人打電話來給我，說『我住在往十里附近，也在出租套房，但實在不能理解那些反對宿舍興建的人，學校那邊要強硬一點』，這樣才會有越來越多人進到社區裡，這裡也會漸漸變得熱鬧。總之，過去這幾年真的吵得很凶，我們很希望事情能夠安安靜靜地解決。希望妳不要在報導裡寫太多事情，安靜低調宿舍才能蓋得成。」（漢陽大學相關人士）

潛入新蟻居房採訪

我們從資料上就能明確地判斷，沙斤洞的套房建築中，十棟有八棟是「新蟻居房」，也就是說，青年族群即使負擔高額月租，仍然只能住在蟻居房裡，但我不能因此就草率地將事情寫成新聞。我還沒實際跟住在新蟻居房裡的人見過面，也沒有親眼見過內部的環境如何。不過如果我一五一十地把目的說出來，肯定會被趕出社區，落得跟採訪蟻居村時一樣的下場。

於是在十月的時候，我跟實習記者喬裝成從外縣市來到首爾的親姊妹去拜訪當地房仲。在資料調查階段我們已經確認，當地的七十九棟套房建築中，有六十五棟是新蟻居房，如果能夠幸運地看到其中一棟的內部，那就可以說是超前進度了。

「從現在起我們就是姊妹，我是妳的親姊姊，之所以開學才來看房子，是因為突然有插班就讀的機會，因為不懂人情世故，在考試院住了一段時間發現真的待不下去，所以才開始找套房。經濟不是太寬裕，家裡只能給二十八萬的押金，主要由我發言，妳中間附和我就好。」

這輩子第一次做這種採訪的實習記者，對流暢地說出一串謊話的我投以尊敬的目光。不過這並不是因為我的記者資歷比較深，而是因為我學生時期的確是「居住難民」，所以才能夠做這麼詳細的設定。而且我的母語是釜山話，非常適合扮演為了小自己很多歲的妹妹，特地到首爾來陪看房子這個姊姊的角色。

而今天的潛入採訪，是為了了解內部狀況，讓我們「確信」這可以拿來寫成新聞，不是想要將我們聽到、看到的東西寫在新聞裡。最重要的是我不想讓少有現場採訪經驗、心像棉花糖一樣軟的實習記者，太早接觸到這種不太能稱為「正道」的採訪方式。

「妳好，我們想要看套房。」

我們走進沙斤洞入口的一間不動產仲介商，六十多歲的女房仲正在看電腦螢幕，聽到這句話便立刻起身，把包包背到肩上。她手上的小冊子裡頭，密密麻麻地寫著物件的地址、樓層數、房間的價格、屋主或是現任房客的電話號碼。

「妳們的預算是多少？」

她的反應果然和我預期的差不多。

「押金二十八萬，月租一萬一千左右，如果押金能夠壓到十四萬那更好。」

「我們先去看看吧。」

房仲帶著來自釜山的這對姊妹，走進了沙斤洞的巷弄中。就像任何一個多世代住宅林立的社區一樣，除了貫通沙斤嶺，來回雙線道的「沙斤洞路」之外，未經整頓的狹窄巷弄，宛如人體的微血管一般串連整個沙斤洞。

「最新蓋好沒人住過的押金要五十七萬，月租一萬八千元至兩萬元。往十里站的交通比這裡好很多，所以更貴，這裡安靜而且離學校又很近。」

我們任意穿越沒有車子經過的雙線道馬路，走進對面一棟建築物的大門。那是一棟以深紅色磚頭蓋成的房子，外觀是一九八〇年代常見的典型住宅，從戶外的樓梯爬上二樓，就會抵達另外一戶人家的大門。不過看起來似乎才剛剛翻修完沒多久，院子裡還能看到裝水泥的袋子，以及幾片還沒貼好的地磚堆疊。

仲介看了一眼冊子，很快地輸入四位數字的密碼。裡頭是一條短短的走廊，左右兩邊各有兩間房。一如預期，房仲一開門就急急忙忙地說「房間不是很大」。

房間裡擺著還沒拆掉包膜的流理台、書桌、冷氣與單人床，證明才剛剛翻修完畢。更讓我驚訝的是房間的大小，床鋪與流理台幾乎緊貼在一起，距離近到只要有心，就可以坐在床上把塑膠杯丟進流理台。上半年我去採訪「真正的」蟻居房時，無法用一般鏡頭把房間的全貌拍下來，只好動用魚眼鏡頭，而看到這間房間的時候我在想，難道為了拍大學附近的套房，也要動用超廣角鏡頭嗎？

「房間都這麼小嗎？」

「大部分都這樣，妳今天第一次來看吧？通常套房都是四到五坪左右，這間好像不到四坪……一些早就蓋好的舊屋比這間更大一點，但比較沒那麼乾淨。」

「為什麼會這樣？」

「最近裝修的套房都不會太大，為了可以多隔一個房間出來，多收一點月租。」

「這裡原本是屋主自住，後來才隔間成套房出租嗎？」

「不是，之前也是租給學生住的，但最近重新裝修、重新出租。」

「裝修之後把房間隔得更小嗎？只為了收更多月租？」

「……。」

是不是我突然問得太深入了？原本健談的房仲突然沉默。

既然都來了，就順勢去看了二樓押金二十八萬五千元，月租一萬五千元的房間，當然也是非法隔間的套房，月租要一萬五千元，但卻完全沒有對外窗。我問「沒有窗戶要怎麼通風」，房仲只回我說有個面對走廊的窗戶，再把走廊上的對外窗打開就可以通風了。我不是沉醉在挑剔的姊姊這個角色裡才這麼問，而是因為覺得這種房間實在不值得這個價格。這棟樓的屋頂則是非法的頂樓加蓋，同樣是押金二十八萬五千元，月租一萬五千元。

我接連喊著「太小了」「太小了」，絲毫沒有表現出要簽約的態度，於是仲介又帶我們去看另外一間房子。

那是資料上六十五棟的非法套房建築之一，原本只透過螢幕文字看到的非法建築，如今能夠實際看到內部的情況，真的是天大的好運。

「這裡是一・五樓，總共有101號、102號、103號、104號四間。」

從走廊就能看出很多非法建築的痕跡。101號的玄關所在的牆壁與地面都是白色跟灰色，但102號、103號、104號的入口牆壁則是淡橘紅色，地板是深紅色，顯然是將原本的101號跟102號，分別又再隔成兩間房間，然後重新做了一個門口。

「這裡是押金十四萬兩千元，月租一萬兩千元，含管理費的話是一萬四千元。另一家也有同樣價格的房間，不過照不到太陽，這裡窗戶比較大、比較明亮，通常照得到陽光的房間都會貴兩千塊，但這間比較便宜。」

她的意思是說採光也要花錢買。也是，國家規定的最低居住條件只有面積等量化的標準，像採光、熱水這些則沒有考慮到，民間的屋主自然不可能不針對這些條件收費。

「我到了首爾才知道，原來陽光還得另外花錢買。」

「我推薦這裡是因為這裡很便宜，很少房間有那麼大的窗戶。」

但非法隔間的結果，就是房間小到連一個「晒衣架」都無法完全打開。房間裡的家具就像在玩俄羅斯方塊一樣，全部緊密貼合、排放在一起，如果在房間的中央打開晒衣架，那就會連讓一個人過的空間都沒有。

「這樣應該沒有五坪，頂多四坪吧？不過小姐，我剛才也跟妳說過了，在這裡想找乾淨一點的套房，大小幾乎都只有這樣。如果用妳們的預算想找寬敞一點的房間，那就只能犧牲掉乾淨這一點。講難聽一點，最近的大學生都忙著讀書，幾乎不在家裡，寬不寬敞實在不重要。」

我想房仲無心透露出來的真實想法，應該也是多數大學商圈套房租賃業者的想法。反正大學生經常無法住滿標準租賃合約規定的兩年就要搬走，也不太懂怎麼看房子，充其量只是看到房間裡擺放一些廉價的新家具，就會以為是新房間，並願意付昂貴月租承租的過客。住在這種令人不滿的房子裡，身為房客也不好意思跟房東要求改善什麼，所以就在咖啡廳、網咖、圖書館、酒館等地方流連，成為自動自發去找一些「戶外活動」來做的好房客。

或許是因為不小心說出真相，房仲的表情瞬間僵硬，為了打圓場，她提議帶我們去看條件稍微好一點的房間。雖然價格比我們當初開的押金二十八萬五千元、月租一萬五千元要高一些，但租金已經含了電費、瓦斯費、網路費等管理費用，也就是說算下來可能反而比之前的房間便宜。

「這裡之前沒有人住過，所以很乾淨，窗戶是面向走廊，只要再把外面的窗戶打開就能通風了。」

或許是因為套房的空間不夠，壁掛式的空調有一半露在外面，剩下的部分則被牆面上的家具擋住。屋主自己真的有辦法住在這種房間裡嗎？這種房間月租居然要一萬五千元，而且一層樓總共有八間。

之後我們又花了一個小時，跟房仲去看了三間房子，但完全沒有一間符合政府規定的最低居住標準。就連像連續劇《請回答》系列裡的下宿那種獨棟建築，也都變成只要走過共用的玄關，就能看見新蟻居房沿著走廊兩側一字排開的情景。這些房子的外觀看起來像是小時候住過的外公外婆家一樣，讓人感覺特別親切，裡頭的房間則是押金十四萬兩千元，月租一萬五千元。

「漢陽大學附近最便宜的社區就是沙斤洞，不過跟其他社區比還是貴一點啦，因為漢陽大學的宿舍實在太少了。妳去找其他仲介，大家也會帶妳看一樣的房子，妳自己逛一逛，如果想租還是要回來找我們喔。」

首爾，流浪者的慾望城市

來自沙斤洞的回覆

青年居住貧困率百分之三十七．二
你在家還好嗎？
你住的房子總共幾坪？
為什麼會住在現在的房子裡？
你現在的房子是小巧雅緻的休憩處，還是只是短暫停留的居所？

你好，我們是韓國日報企劃採訪部的記者。

收到這封信的人，都是經過我們「以特殊標準挑選」的租客。
現在，我們想聽聽有關你的「套房」的故事。
我在電子郵件信箱與開放式聊天群組裡等待你的回覆。

某天回到家之後，發現信箱裡有這樣一封信，大部分的人會做出什麼反應？二〇一九年十月十日，我跟實習生一起發放一千封印有上述內容的信，到判斷是「新蟻居房」的六十五棟建築物的信箱中。因為說來說去，住在裡頭的人的「故事」仍然比資料更加重要，如果不跟住在新蟻居房的青年朋友見面，那報導就寫不出來。

收到這封信的人，可能是原本在圖書館準備期中考，直到累了才拖著疲憊的身軀回家的漢陽大學學生，也可能是下班後在便利商店買了瓶啤酒，剛從漢陽大學畢業的社會新鮮人。一個不小心，也有可能是恣意「非法隔間」的屋主。

一開始提出「寄信招募受訪者」這個想法時，跟我一起採訪的前輩其實很反對，他擔心沒有人會回應我。這種方法可能只會讓我們白費力氣，而且收不到任何成效。

不過對我來說最重要的不是「CP值」（性能與價格的匹配度），說得更準確一點，我重視的是「努成值」（努力與成就的匹配度）。奇怪的是，每次在進行與居住有關的企劃時，我都會全心全力做那些只要「隨便應付一下」就好的事，這或許是因為居住與貧窮，是我人生中始終未能擺脫的問題也說不定。我不在乎我們探討的是輕微的貧困、不太嚴重的問題，每一刻都全力以赴，就是我身為記者最強大的武器。

我帶的實習生真的跟錯了人，繼扮演親姊妹之後，還要陪我去送信、去拍每一家的電表和信箱，真是可憐她了。信送出之後，剩下的就只有「等待」。我只能在心中迫切地祈禱，有人能夠回應我、有人能夠了解我的真心。

而就在信件送出後不到二十四小時，也就是十月十一日的深夜，我的手機響起了「叮咚」的聲音，有人加入我為了招募受訪者而開設的開放式群組。

「這是什麼？」

這句話帶著好奇與疑惑，或許會是這個群組第一句也是最後一句話。在他失去興趣離開群組之前，我必須要拿到他的聯絡方式，邀請他接受採訪。首先，為了讓他知道「我不是可疑人士」，於是我先拍了名片傳過去，並把至今為止寫的報導連結一併附上，好好地宣傳了自己。

「你好，感謝你主動聯絡，你是第一位回覆我那封信的人。韓國日報企劃採訪部正在企劃青年居住相關的報導，我們正在接受非法建築物相關的檢舉。」

「是，我剛出差回來，就看到信箱裡有這封信。」

「看來你已經畢業嘍？你在現在住的套房住很久了嗎？」

「我是研究生，已經在這裡住一年了，但我家好像不算是非法建築吔。」

「你住沙斤洞×××號對吧？根據我們調查的結果，那裡的確是非法建築。不知道下星期能不能跟你見個面，簡單採訪一下呢？」

「傻眼，我都不知道。我只是覺得有趣才回覆，其實我也是半信半疑，有點擔心是詐騙，總之我們下禮拜見吧。」

接到第一個回覆讓我心跳加速、夜不成眠。現在報導出刊日近在眼前，資料都準備好了，也有能夠提供現場證詞的人，剩下的就只有「人的聲音」了。正當我在想就算只有一個人也好，幸好有人跟我聯絡的時候，信箱突然跳出「有新信件」的通知。

李惠美記者[39]：

妳好，今天下班時，發現信箱裡有這封信，所以我就寄信給妳。我想起曾經看過妳在沙斤洞四處奔走、投遞信件的身影，所以才寫信給妳。我就把我記得的事情都告訴妳，可能會有點亂，請妳見諒。

我是在二〇一五年九月，也就是我大三那一年，到某間公司擔任實習生時搬進這間套房的，已經在這裡住滿四年了。因爲是在首爾這個城市裡，唯一能讓我放心閉眼休息的空間，所以對我來說是一個小巧雅緻的休憩處。我的套房實際坪數大約八坪[40]。雖然一個人住沒什麼問題，但的確是待在房間裡會讓人感覺鬱悶的空間。

二〇一五年八月三十一日，我在前一個週五突然收到公司通知，要我下週到公司實習，當時正在參加營隊，甚至無法在當天跑完報到的行政程序。我急急忙忙申請休學，也因此不得不搬出宿舍，幸好學校體諒我，讓我可以在宿舍住到找到房子爲止。

我努力地尋找學校附近月租最便宜、居住條件又不差的房間，必須要是採光、通風、換氣都好的房子。一年級時我曾住過考試院和下宿，深刻體會到有窗户的房間究竟是多麼好。

無論是往十里站六號出口前、漢陽大學正門後方、杏堂洞等區域都離往十里站很近，我一直在思考是不是該住在這些地方才好。我找了很多家仲介，但無論怎麼看，房子的條件都不好，而且月租還高得離譜。四年前還有很多押金二十八萬五千元、租金兩萬兩千元的房子，更好一點的地方則有不少押金八十五萬七千元、租金一萬四千至一萬五千的房子。

我大概找了兩個星期，最後用父母所能提供給我的支援來挑選。四處看著看著，就這麼來到這一帶最便宜的沙斤洞。

在我結束實習生活復學之後，這裡也離我上課的地方很近，這讓我覺得還算方便。

當時我第一次去申請了不動產登記謄本，但我是在簽約之前才知道，原來我住的地方跟附近的房子都屬於同一個屋主，我住的地方原本是一般住宅，屋主整修之後還欠了一大筆債。這棟房子原本的屋主原來在這裡經營下宿，後來把房子過繼給自己的兒子跟女兒，然後再擴建原本的房子，擴建的部分也曾經遭到檢舉是非法建築並被罰錢。

不過當時房子是新屋這點讓我很滿意，後來接手的房東阿姨人也很好，讓我以和之前同

---

39 原書註：經過修改，讓電子郵件內容不致暴露個人資訊。

40 原書註：合約上的面積是十五平方公尺（約四．五坪），但實際面積看起來小很多。

樣的價格繼續住在這裡，押金則是由父母親爲我出。

二〇一五年我剛搬來的時候，對面跟樓上都在整修，所以整天都聽得到施工的聲音。我想，這裡應該不太適合一個單身女學生住。從往十里站回來的時候，必須要經過晚上人煙稀少的沙斤嶺，即使從漢陽大學繞到沙斤小學，再沿著圍牆走回來，還是必須走很長一段路，我想應該會比較適合男生居住。也或許是因爲這樣，所以這裡的男性房客比例壓倒性地高。

我家樓下一開始是漢陽大學電腦工程系的女學生，她找到工作之後就搬走了。隔壁的隔壁則住了偷了我雨傘的中國人，樓下則是一個獨居的留守父親。

我曾經因爲對面在能看到我家窗户的位置裝了監視器，提出強烈的抗議。由於對面的房間擋住光線，所以我的房間就像電影《燃燒烈愛》一樣，一直要到下午三點才會有陽光照進室內。

偶爾打開窗户會有菸味飄進來，如果隔壁太吵的話，我還能清楚聽見他們的聲音。因爲住户多是大學生，所以這部分我們都會彼此體諒，我並不太在意。因爲沒有垃圾丢棄的規定，所以大家都隨便丢，房東阿姨每天都會來清理。

住在這裡時遇到比較有趣的事情，就是每次叫外送時，都一定要跟外送的人解釋要怎麼走。如果照著NAVER地圖上顯示的路線過來，會發現那個門根本打不開，所以這兩年我都會盡量用「從地圖的終點往右轉，會有一條機車無法騎上來的路，從那邊走上來之後，會看到左手邊有一棟紅色屋頂、鐵製大門的房子」這種方式說明，幫助外送員更快找到我住的地方。第一次來這裡的外送員，經常要徘徊三十、四十分鐘才能抵達目的地。

不知道我的故事是不是青年居住貧困的完美案例，總之，我有固定收入，但是如果又遇到「要在首爾找房子」的情況，那我可能還是會很茫然。

田同秀敬上

對你來說「家」具有什麼意義？

十月十六日晚上十點，雖然沙斤洞對我來說就像自家廚房一樣熟悉，但這仍然是我第一次在深夜造訪。巷弄裡新建套房與老舊的多世代住宅混雜，實在不太適合女性獨自經過，我還能看到路燈和電線杆之間結了蜘蛛網。為了跟寫了那封長信給我的田同秀見面，我正獨自走過沙斤小學圍牆旁邊那條街燈閃爍、人跡罕至的路。

他的電子郵件內容都是真的。就像他說的「一個女學生不方便在這裡獨居」，他住的地方的確需要經過人煙稀少的沙斤嶺，再往巷弄的深處走去。我就像信中那句「每次叫外送的時候，外送員都找不到路」一樣，雖然照著地圖上顯示的路線走過去，最後跟外送員一樣停在一棟破舊的房子前。

「這裡，我在這裡！」

才剛開始上班沒多久的田同秀（假名，二十七歲），穿著一身西裝來迎接我這位記者，顯然才剛剛下班沒多久。他站在山坡上，指引我往另一邊的入口走。要輸入密碼鎖才能打開的新式玄關門、整齊乾淨的走廊磁磚，讓人瞬間覺得「這樣的環境其實還能住人」，但一上到他住的二樓，就會看到走廊上貼著三張印有一些字的A4紙，上頭寫的是「請體諒樓下住戶，避免深夜使用洗衣機」「深夜與女朋友的恩愛聲音會被聽見，請多加留意」等內容。

「哈哈，這裡很誇張吧？明明是房子蓋得不好，卻要住戶自己小心。」

田先生的視線在公告上停留了一下，接著便尷尬地笑著打開302號的房門。

田先生的房間連進門都有困難，大小感覺跟攤開來的大素描本差不多。小到勉強只能站一個人的玄關，放了週末與女友約會時要穿的運動鞋、用專用垃圾袋裝著的垃圾及洗衣精，另外還有便利商店賣的輕便雨傘，雖然收納鞋子用的鞋架上已經放了七雙鞋，但玄關仍呈現爆炸的狀態。

「沒有其他的收納空間，所以只能這樣，坐起來可能會不太舒適。」

信件中田先生說房間大小看起來大約是八坪（二十六平方公尺），但乍看之下會覺得房間似乎不到四坪（十三·二平方公尺）。雖然文件上寫的是十五平方公尺，但這應該是為了讓房間超過最低居住標準的伎倆。

這個簡陋的正方形房間內，有床鋪、書桌、衣櫃、流理台、內嵌式電磁爐等「大學商圈附家具套房」的標準配備，但沒有一樣物品適當地發揮功能。電磁爐上放著乳液、定型噴霧、吹風機等保養品，堆滿了生活雜物的廚房，自然無法發揮煮飯這個基本功能。

我認為應該好好釐清問題究竟是「最近的年輕人都很忙，不會在家裡吃飯」，還是「房子無法發揮應有的功能，所以只好到外面去吃飯」。

床邊的牆壁整片都發霉，黑色的黴菌看起來非常可怕，但在這裡住了四年的田先生看起來卻不太在意。這可能是建築物本身施工不良，房子太潮濕導致的問題，也可能是房間內的濕氣散不掉所致，以這間房子的情況來看，應該是兩種原因交互作用形成。勉強能容納一個人的洗手間，因為實在太過狹窄，所以洗手台與馬桶幾乎貼在一起，體格稍微壯一點的人，甚至要用擠的才有辦法擠進去，裡面的窗戶是為了通風而特別做的小窗戶，自然沒有抽風機，這樣的結構帶來連鎖效應，使得對房子有害的黴菌在裡頭落地生根。

貧窮的人難道不會有個人愛好嗎？我從堆滿物品的房間裡，發現了田先生的電子琴。主修電影、熱愛音樂的他，在這房子裡唯一的慰藉就是這把琴。當然，在這個放了許多家具的狹窄空間裡又放入樂器，導致他甚至無法將一張摺疊桌打開。雖然幾乎不會在家吃飯，但偶爾叫外送、吃微波食品的時候，還是得把書桌清乾淨才能坐下來吃，吃的時候還要面對發霉的牆壁。

「還在讀大學的時候，我曾經在首爾蠶室的『菁英』公寓當過家教。妳應該知道吧？就是『LLL's、Ricenz、TRIZIUM』這三棟公寓的簡稱，當時結束家教下課後回到沙斤洞公寓的記憶仍然歷歷在目。

「電影《寄生上流》裡不是演到主角基澤一家人原本待在雄偉的豪宅，卻因為屋主一

漢陽大學畢業生田同秀居住的套房內部，是位於首爾城東區沙斤洞的「非法隔間套房」。四·五坪的房間裡有洗衣機、冰箱、電子料理工具、書桌、床鋪，因爲沒有收納空間，所以吹風機、乳液等雜物便放在電磁爐上。房內廁所的空間十分狹窄，只能讓一個成人勉強坐在馬桶上。因爲沒有做隔音處理，所以他只能戴著全罩式耳機演奏電子樂器解悶。

家人回來，只能淋著雨從綿延不斷的樓梯往下，走回自己位在半地下室的家嗎？我當時大概就是那種感覺……在蠶室當完家教之後，回到沙斤洞的套房時，簡直就是電影情節真實上演。」

這間房間跟蠶室的豪宅相比的確是相形見絀，但在首爾生活了八年，生活空間也從一坪進步到五坪，整整大了五倍。說是這麼說，但其實就是從「非住宅」的考試院，搬到勉強具備「家」的形象的「非法隔間套房」。依照建物所有權狀上的資料來看，這房子是僅能讓「一戶人家」入住的獨棟住宅，但屋主卻將三層樓的房子改造成能讓十六戶入住的套房，然後每一間收取一百一十四萬押金、四千元的租金。如果付不出這麼大筆的押金，那就只能伸手向父母要錢。

「其實我搬進來之前就知道這裡是違建，但以我的預算來說，如果想住新的套房，那就只能選擇這裡……」

二〇一五年九月，他簽約的時候曾經從國家認證的房仲那裡，取得「仲介物件確認說明書」。國家規定，登記在案的房仲一定要撰寫已為房客充分介紹物件的文件，並將這份文件轉交給簽約人或實際承租人，但其實幾乎沒有人這麼做。田先生拿到的那張紙，上頭甚至還貼著「違建」的標籤。

「仔細閱讀違規事項，發現頂樓加蓋這邊有圈起來……另外還違反了階梯式居住空間十平方公尺……一、二樓建築物正面居住空間六平方公尺……一、二樓建築物背面居住空間十平方公尺……還有板磚等這些規範，可是二〇一五年的時候，真的找不到這種條件的新房……」

對二十多歲的年輕人來說，「要屈就於違法」這件事情，並不是會影響他們意願的條件。田先生表示即使知道這是違建，但只要房東不會侵占押金，那他就願意承受。

「當時我還在實習，下班之後還要到處看房真的很累，大概看了兩個星期，自己一個人到處奔走的過程真的是……所以我決定不要想太多，乾脆直接簽約。我怕房東吞了押金，所以很快就去辦理住址申報，畢竟沒有門牌號碼的房子，很有可能沒辦法申報。」

他在二〇一一年來到首爾，二月到八月這半年間曾住過考試院。當時住的是往十里站八號出口出來，往舞鶴女高方向的「H套房式旅館」，他不知道「套房式旅館」就是考試院，只是單純地被房仲一句「有一間不錯的房子」給吸引，選擇那裡作為第一個落腳處。

「我們從外縣市來，我爸爸根本不知道這到底是房子還是什麼東西，他是個甚至不願意到百貨公司買衣服的人，當時怎麼可能會知道要多付一點押金，或是要去計較居住條件，根本不會考慮這些。

「我爸看到房間之後只說『一開始住這種地方也沒關係』，畢竟我大一結束後就要先去當兵，也沒辦法拿一大筆錢出來當押金，所以就在考試院住了半年。」

田先生的父親雖然沉默寡言，但一聽說他在考試院病得很重，還是連夜開車從釜山到首爾來探病，那幅景象令他十分難忘。考試院只有廚房能勉強稱得上是公共空間，但實在沒辦法好好弄一頓飯來吃，每天只能吃泡麵，害他得了腸胃炎。晚上十點收到兒子傳來「好難過」的簡訊，爸爸便連夜開車來到首爾。在高速公路每隔一段時間小睡二十分鐘，好不容易來到首爾把兒子送去醫院，然後再開車回去釜山。

「其實我剛搬進來的時候還滿開心的，在那之前我住過考試院、下宿跟學校宿舍，住在宿舍的時候，室友因為我打呼很大聲而被影響，導致我每個學期都會換室友。

「而且住宿舍的時候，要走五到十公尺到外面的浴室洗澡，而這裡則能夠立刻走到浴室，可以說是一大優點。原本過著這麼不自由的生活，現在可以自己一個人輕鬆地生活，我想應該可以說是一種『居住環境的提升』吧。」

考試院、下宿、學校宿舍……在經歷了這麼多居住型態之後，他認為最重要的居住條件就是「窗戶」。所以看房子的時候，他很努力想要找有窗戶的房子，四年前滿足這個條件的房子，傳貰價是兩百二十八萬元。經歷了各種妥協與讓步之後，才來到現在住的房子。不過即使經過精挑細選，還是只能找到這種要到下午三點，房間才能照得到陽光的地方。

「有窗戶的喜悅是短暫的……記者小姐，妳看這裡，對面有監視器。仔細看可以發現，監視器上面有裝遮罩吧？某天我往窗外看，突然發現對面裝了監視器。因為對面那一戶的鞋子不見了，他為了監視門口所以才裝監視器，但這個角度一定會照到我家，這讓我很生氣。我跟房東抗議，但對面的住戶居然裝蒜，還說絕對不會看我家，這讓我更火大。雖然住在這種地方，但也沒有要把私生活攤在陽光下給別人看啊，吵到最後他就在監視器上裝了個遮罩。」

訪問過程中都是他坐在房間裡，而我沒有地方可以坐，只能靠在玄關附近站著，聊了大約一個小時。其間只要隔壁鄰居進出、開關門，牆壁就會跟著震動，同一層樓只要有人把電視打開，甚至還能清楚地聽見電視聲。

「隔壁的聲音聽得很清楚吧？」

「對啊，連關門時的震動都感覺得到，還會聽到呻吟聲。不知道是哪一間，總是會帶女朋友回來，然後就……所以才會在走廊上貼那種公告文。我是沒關係，但樓下的人很痛苦，最後因為壓力太大所以搬走了。這一區有很多外國人，尤其是中國人特別多，陌生的外國飲食氣味、中文節目……真的都讓我深惡痛絕。」

「即使關上門待在房間裡也能感覺到嗎？」

「都知道得一清二楚，在這裡沒有私生活可言。」

家這個空間，一定要保護住在裡面的「個人」，但這種虛有其表的隔間，絲毫不能阻擋聲音、溫度、私生活、味道。在這一切都顯得簡陋的房子裡，必須要經歷的事情其實是不必要且令人感到羞愧的。

房裡四處都是螞蟻藥，尤其螞蟻進出的玄關特別多，跟我六年前以押金貸款租下的房子使用的是同一款螞蟻藥。當時我試過各種螞蟻藥，但還是無法處理這些行蹤不定的螞蟻，上網看了一些推薦之後，跟田先生買了同一款螞蟻藥。一看到那熟悉的產品，我瞬間回想起在那棟房子裡發生的「事件」，我甚至連日期跟時間都還記得非常清楚。

那是在二〇一三年十月五日凌晨三點，於首爾西大門延熙洞一間套房裡發生的事。

住在隔壁101號的男性，看就知道是個沉迷於遊戲的「繭居族」。雖然我們沒有實際接觸過，但偶爾會在家門口碰到面，我能夠聞到他那好幾個星期沒洗的頭發出臭味。如果看了看他臉上滿是膿血的青春痘疤痕，然後再跟他對上眼的話，他就會立刻低下頭急忙離開。或許是因為成天關在家只吃泡麵的緣故，一眼就能看出他胖得很不健康。二十五歲的我隔壁居然住了這樣的男人，讓我感到很困擾，偶爾也覺得很害怕，不過「LH押金貸款」能選的套房實在不多，所以我很努力地忽視這件事。

某天凌晨，我聽到窗外傳來警察無線電的聲音，緊接著是一連串砰砰砰拍打鐵門的聲音，我從床上起來，透過門上的窺視孔觀察外面的動靜。外頭有三、四個穿著警察制服的人，穿著睡衣的屋主也跟他們在一起，接著好像抬著什麼東西離開現場，我猜是隔壁的人死了。

幾天之後，一位看起來像是他母親的人，將被香菸燻成黃色的家電搬到垃圾集中處，然後拿著抹布擦拭房間，看到這一幕的當下，我才確信「那件事」是真的。由於經歷了太難以置信的事情，讓我偶爾會誤以為是自己在做夢，沒想到那天凌晨，屋主像沒事一樣地主動跟我聯絡。

「前幾天101號發生什麼事了嗎？那天真的好吵。」

「只是那間的學生生病了，沒什麼事。」

屋主拚命掩飾我的鄰居死亡的事情。

隔壁的鄰居死了之後，我住的套房也出現了一些改變，那就是房間裡開始出現螞蟻。有一天我為了喝咖啡打開電煮壺時，發現水裡有數十隻螞蟻載浮載沉。每次我修剪腳皮，把清下來的角質放在桌上時，就會有上百隻螞蟻湧上來，那是吃人的皮膚角質或屍體的「法老蟻」。

屋主極力不讓我知道鄰居死亡的事，但螞蟻卻說出了真相，告訴我那不是一場夢！幾星期之後，屋主將101號的家具全部換新，過了沒多久，則有一位跟我同年、但身形比較高大的女生入住，就在她搬進去幾天之後，我在公共宅配箱裡，看到有人跟我訂購了一模一樣的螞蟻藥。

看到田先生家裡放了一樣的螞蟻藥，我突然想起那時的事情。因為沒錢，只能以低利率貸款租到這樣的房子，所以即便隔壁有人死掉這件事令我感覺很差，但悲慘的是我也只能忍耐。經歷過很多痛苦與困難，才會開始尋找保護自己的方法。

「我能夠理解為什麼有人拚命也要守住在江南的公寓，尤其這些人，通常都強烈地主張房子不能有任何損失，我想應該是因為害怕吧。所謂的房子，其實就是要人『別越線』的象徵，我也經常會有『一旦越線就不會善罷干休』這種傳統的想法。經歷過許多住房問題之後，就會開始思考『有什麼可以保護我的東西』。」

身處在居住貧困的邊緣，使他開始體會「想要保護江南公寓的人」的心情。是因為他預期自己未來會有高收入嗎？還是他畢業於一間好大學，是個剛拿到正職工作的社會新鮮人呢？他就像《寄生上流》裡的基宇（崔宇植飾）一樣，嘴上說著「我都計畫好了」。

「我都計畫好了，結婚的時候要搬到更大一點的家，比現在大十坪，至少是二十坪的『自己的房子』。」

「你為什麼覺得一定要有自己的房子？」

「這樣才不會覺得痛苦，租房子的這八年我都很痛苦。我想離車站近一點、想住得寬敞一點、想住在房間跟廚房分隔開來的房子、想住在晾衣服時能夠照到陽光的房子裡，這就是我的計畫。」

好像有什麼偉大的藍圖一樣，說著「我都計畫好了」的同時，他所能列舉出來的條件卻都是非常基本的東西，像是陽光、廚房與房間分隔開來、房子的面積。

「雖說是計畫，但這些其實都是很基本的條件。」

「這應該就是我們這些八年級生的命運吧？我們總是努力想過著符合平均水準的生活，卻始終追不上平均。我沒有給『家』什麼太大的定義，只希望有人來訪的時候，能夠騰出個空間讓人坐下，還可以邀請朋友，雖然這是我的理想……但實現得不太順利。」

對年輕人更無情的城市，首爾

每個人的青春都會是黯淡的青灰色嗎？如果有人過著生氣蓬勃的青春、有人過著一片黯淡的青春，那麼造成這兩種顏色差異的第一個原因，就是是否就讀「在首爾的大學」。只要就讀位在首爾的四年制大學，就讓人擁有動力承受壓得人喘不過氣的居住費與生活費。

因為父母至少已經擁有「正職工作」這個基本條件，所以這些年輕人的家庭才能夠將所有的力氣，放在被認為是「投資」的子女教育上。

青年真正的貧窮是看不見的。沒有一家媒體曾經報導過那些不是畢業於首爾知名大學、從事約聘工作的外縣市青年過著怎樣的生活，那是一種只存在於腦海當中，無法想像的抽象觀念。跟外國的貧民不同，韓國的都市貧民躲藏在半地下室、頂樓加蓋、考試院這些地方，所以並不顯眼。韓國的貧民不會再形成聚落，這些「原子化」的貧民存在感越來越薄弱。[41]

我努力想把看不見的貧窮故事搬到檯面上，但不知不覺間，我身邊形成了厚厚的同溫層，能接觸到的青年都就讀首爾的四年制大學，早已獲得未來能有一定社會地位的保障。而那些看不見的貧民，因為怕被人聞到身上的味道，所以只能像蟑螂一樣躲在考試院裡、新蟻居房裡、半地下室裡。

其實報導刊登出來時完成度還只有一半，這全都是因為我的判斷不夠成熟、不夠精準。雖然主題是「青年居住」，但我所寫的青年都是首爾大學、漢陽大學、西江大學的學生，他們當然都「還撐得住」。知名大學的畢業證書，就相當於某種形式的「租賃」，只要撐到最後就能獲得回報，雖然他們現在物質上非常貧窮、匱乏，但這其實只是一種假性貧窮。

[41] 原書註：安秀燦，民主政策研究院投稿文〈為何看不見貧窮青年〉，二〇一一年四月。

我想聽聽看那些沒有動力撐到最後、沒有努力目標的人，心中真正的想法究竟是什麼，但即便是曾經一貧如洗的我，也擁有知名大學的畢業證書，並處在正職工作的保障範圍內，所以早已和那些最底層的人拉開了距離。

某天，我忘記解散而一直開在那裡的開放式聊天室突然響起通知。

「這是什麼群組？我想搬到別的考試院，所以上來搜尋，就進來了……」

傳訊息的人是現在住在考試院，三十一歲的金俊秀先生（假名）。

「記者小姐，如果妳到了咖啡廳，就找一個穿著紅蘿蔔色外套的人。」

氣溫驟降的十一月中旬，我跟金俊秀約在首爾江北區的一間咖啡廳碰面，在我抵達之前收到了他的訊息。

他從一開始就很積極。身為一個必須要跟採訪對象見好幾次面才能聽到他們內心真正的故事、掌握其生命歷程的記者來說，遇到像他這種極度渴望講述個人故事的對象，真的非常幸運。在準備〈大學街新蟻居村〉的企劃報導時，我為了找到更多受訪者，所以才在通訊軟體上建立這個開放式聊天室，沒想到他自己主動加入。他說自己已經在首爾江北區水踰站附近的考試院住了三個月，因為想搬到其他考試院而上網搜尋資訊，所以才發現這個聊天室。十一月時我跟他約出來見面，那天也正好是他離開故鄉大邱，來到首爾展開考試院生活的第一百天。

「帶著整理一百天考試院生活的心情來聊這件事，對我來說也很有意義。本來以為只是暫住一下就會離開，沒想到不知不覺過了這麼久。」

我一邊喝著冰涼的檸檬飲料，一邊聽他描述為何離開故鄉來到首爾生活、考試院的生活如何、對他來說家具備什麼意義、對未來的生活有什麼期待。本來就有很多話想說的他，完全沒有吃放在桌上的甜點，連續講了將近兩個小時。

「我住在一天房租大約三百元的考試院。」

自從司法考試廢除之後，考試院就成了低收入勞工的住處，這是眾所周知的事情，但卻很少有經過實際驗證的研究，探究考試院究竟以什麼樣的形式，取代市中心的便宜住宿選擇。傳統上被認為是「非正常居住型態」的蟻居房、旅館、小旅店，特徵就是它們「有彈性」的租賃型態。為了那些無法籌措押金，只能過一天算一天的人，這些地方以「日租」「週租」的形式，讓房客能夠一點一點地支付住宿費。而過去的考試院則和這樣的形式有些不同，採行至少要能夠先拿出下個月的房租當押金，才能夠住進去的預付制度，月租也要每個月固定繳納，這就是考試院與蟻居房、旅館、小旅店之間微妙的差異。

就連過去要收月租的考試院，都開始收「日租」這件事，對「居住」這項社會觀察以及相關的書寫來說，是極具意義的改變，因為這表示收容「社會邊緣人」的底線被提高到考試院了。

「我身上沒有足夠的錢付房屋押金，剛來首爾的時候身上也只有現金六百元。其實我原本一毛錢都沒有，連六百元都是借來的。因為需要能睡一、兩天的地方，所以就打到好幾間考試院去問，才問到現在的考試院說可以讓我住。其實跟交月租沒有什麼太大的差異，都是在每個月三十一號那天繳錢，大概只需要比月租金多付三百元而已。」

押金八千五百元，月租八千五百元，就連這些錢也湊不出來的金先生表示，很多考試院的老闆都說一定要收押金，但因為他一直說自己可憐的身世，才得以避免露宿街頭。他的房間雖然坐南朝北，但因為有一個小窗戶，所以至少能帶給他一些安慰。房間裡只有勉強能躺下一個人的床鋪，以及不太靈光的簡易冰箱，衣服則只能掛在裝設在天花板上的簡易衣架上，但因為他沒有幾件衣服，所以沒有衣櫃也不會造成問題。身高不到一百七十公分這一點，讓他能夠順利地躺上考試院的床鋪，要是再稍微高個幾公分，那就會像躺在希臘神話中的普洛克路斯忒斯之床一樣讓腳踝超出床板。雖然口中描述的是令人絕對笑不出來的景象，但金先生仍不忘幽默地說：「幸好我長得矮。」

在衣食住這三大生活條件當中，為了讓自己過得更像個人，首先要注重的條件就是「住」。家就是生活，要有空間才能放置、穿脫衣服，也才能夠顧及營養均衡的飲食，而金先生說考試院其實是個「讓人沒有食慾的空間」。

「妳知道我都怎麼解決三餐嗎？碎海苔只要大量購買就會很便宜，所以我都會買一大堆放在考試院，拿白飯來做成飯糰吃。

「偶爾也會買不倒翁出的漢堡排等微波食品回來吃，不過還是飯糰最便宜最好。」

三十一歲的青年，如果從首爾的四年制大學畢業，成功找到正職工作的話，現在應該已經進入職場三、四年了。應該會開始詢問房屋押金貸款，漸漸拓寬自己的生活空間。如果更精明一點，或許會去申請住宅抵押貸款，自己當起房東。接下來可能會結婚，或在職場上獲得一定的成就，而金先生卻只能住在只有兩坪大小的考試院裡，輾轉於各種臨時工作之間，眼睜睜地看著自己與同輩之間的差距越來越遠。

一般大眾媒體所描繪的「平凡青年」，大多畢業於首爾的大學、有高於一般庶民階層的家庭安全網，同時也獲得正職職缺準備投入職場，而金先生的生命軌跡卻與這樣的描述截然不同。他從商業高中畢業之後，便在二〇〇八年進入慶州的一間大學就讀。原本是每天從大邱到慶州上課，後來因為科系不太適合自己，所以就辦理休學，這樣反反覆覆過了十年，一直到二〇一八年，也就是他三十歲的那年，才決定辦理退學。接著他又插班進入一間大學就讀，直到今年二月才取得學士學位。

才三十出頭的他，說至今為止挑戰過的事情「總是以失敗收場」。想努力嘗試看看的事情，最後都會給自己帶來負擔，除了外送之外，他幾乎做過所有類型的打工。金先生理直氣壯地說：「發傳單、飯店服務業、連鎖餐廳服務生、臨時演員……大家坐在書桌前讀書的時候，我跑遍各個可能賺到錢的地方。」

現實卻是他雖然跟考試院老闆約好，每天都會付三百元的房租，但最後還是違背承諾，拖欠一個星期才付出錢來。

「我每個月賺五萬一千元，還債就要用掉三萬四千元。有一些是我做生意失敗欠的債，我在老家還被人告，所以要付律師費，偶爾有幾千塊的閒錢，就會寄回家裡補貼當生活費，所以我能選的住處也只有考試院而已。」

在找不到穩定工作的情況下，他為了到首爾大學的終身教育學院就讀證照課程，便孑然一身來到首爾。現在在附近的高中當派遣員工，偶爾打工籌措房租。跟我見面的這天，他帶了許多打工時沒發完的糖果。

「住在大邱的時候，我都以為『考試院』是讓那些來首爾讀書的人住的地方，來到首爾才發現跟我想像的完全不一樣。一開始真的無法告訴朋友我住在考試院，總覺得是有罪的人才會住在這裡。偶爾在連冰箱都不發出噪音的日子，在一片寂靜中靜靜看著房間裡的白色壁紙，我就會覺得自己彷彿是被關在白色單人牢房裡的囚犯。這時候我會想『真希望走廊上有人走過，希望能夠聽到一點人的動靜』，卻沒有人經過，哈哈，我會因為極度的憂鬱而哭上好幾天。」

考試院是個時間停滯的空間，被困在停滯的空間裡一百天，金先生學會了「堅持的方法」。

在沒有月曆、沒有時鐘的「現代版蟻居房」當中，能夠得知時間的方法只有兩種，那就是手機時鐘與窗外的景色。

「現代人都把時間切割成五分鐘、十分鐘來使用，不過在房間裡面呆坐三十分鐘，其實會覺得滿療癒的。感覺自己違背了世人生活的方式，哈哈，這應該可以說是一種『精神勝利』。」

他說「為了讓自己看起來不像住在考試院」，總是刻意穿亮色系的衣服。身上穿的這件紅蘿蔔色外套，是秋天時在東廟二手市場用一百四十元買下來的。殘酷的首爾冬季即將來臨，他想去買一件外套禦寒，才發現大多都要五千七百元至八千五百元。因為這筆錢幾乎是一個月的房租，所以他決定到二手市場挖寶。

「一開始的確很抗拒別人穿過的衣服，但換個角度想，通常衣服不能穿應該會直接丟掉，既然會放到『舊衣回收箱』，那應該就是還可以穿的衣服吧？實在沒有什麼不能穿的理由。我住在考試院，又穿一些很陰暗的深色衣服，就會讓自己更在乎別人的目光……」

他也跟電影《寄生上流》中的基宇一樣、像畢業於漢陽大學的田同秀一樣，把「我都計畫好了」掛在嘴邊。

「我現在在準備考證照，兩個月後要考試，考完之後生活變好一點，我想去當外送

APP的外送員，聽說可以用滑板車或是腳踏車外送。更長遠一點的規劃，就是希望四十歲左右可以到國外生活。以前在學校歷史課有學過，沒有房子與土地的人，最後會變成『火田民』或『游牧民』，既然要這樣，那我不如到國外去，過著不需要在意他人目光的生活。」

我問他說「你會不會覺得自己很窮」，接著他便將辭典上查到的「居住貧困階層」定義傳給我看。

「貧窮且無法為自己準備居住空間的階層，或指該階層的人。」

「我不是沒經歷過貧窮，沒有家的話，吃住都會有困難，找工作或讀書也會受限制，即使生病還是要工作……但我很努力不要讓自己與貧窮為伍。我要是遇到內衣穿了好多年，舊到整件破掉的狀況，還會拿來自嘲說『我的生活窮到破破爛爛，沒想到衣服真的變得破破爛爛』。心情不好的時候，就去銅板KTV花三十元唱到失聲，多少可以抒發一點壓力。我認為比起物質上的貧窮，精神上的貧窮更不好；比起絕對的價值，因相對價值而導致的貧窮更不好，愛慕虛榮、孤單、提不起勁、憂鬱感，這些反而比貧窮更可怕。」

《Produce 101》的縮小版，首爾

「你覺得自己很窮嗎？你是居住貧困階層嗎？」

就連能夠侃侃而談講述個人生活的漢陽大學畢業生田同秀，在與貧窮正面交鋒的瞬間，都會感到害怕。

「我不覺得自己很窮，被這樣說感覺也很差。因為貧窮總是給人一種既定印象，所以才會刻意假裝聽不懂這個問題。我覺得我人窮志不窮，我還有無限可能。妳或許會覺得是因為我住在這裡，所以才合理化這一切，當然，如果我原本住在條件很好的地方，然後再搬到這種蟻居房來的話，的確會過不下去，但現在我住在這裡，我只能在這裡慢慢改善自己的條件，獲得『精神勝利』，不這樣想要怎麼過得下去？

「現在我的收入介於五萬七千元至八萬五千元之間，等到了第二年就會超過八萬五千元。我算過，如果我想把這些錢存起來買房子，即使每個月存五萬七千元，連續存八年才會超過五百萬，等我賺到時我的女朋友……我也不知道。我沒辦法把錢全部投資在房子上，我現在只能住在這裡。」

「你很窮嗎？你是居住貧困階層嗎？」

這個問題很直接，讓人有一種被才剛死去的鯖魚瞪大眼睛看著的感覺。聽到問題時，田先生微微皺起眉頭，接著很快強力否認。他雖然肯定自己未來的可能性，卻對現在的狀況感到悲觀。我無法判斷他是否真如自己所說的只在乎「精神勝利」，或只是決定以這種態度看待所謂精神勝利的結果，他的答案也在這兩者之間遊走，並不明確。

「你為什麼認為自己的情況不屬於居住貧困？」

「我的套房的建物所有權狀上寫著『違建』，而我在釜山跟家人同住的公寓則沒有這樣的字眼。

「而我爸媽並不是居住貧民……我從來都不曾是居住貧困階層，所以我是以這些標準來思考的。現在我的父母在老家過得很好，這裡只是我『首爾的住處』，不是『我家』，所以我無法接受這個觀念。」

在這個隱藏貧窮是種美德的社會當中，讓人赤裸裸地直視自身現實的問題，其實令人很不自在，人們也不會輕易面對這些深層的煩惱和真實的自我。和住在沙斤洞新蟻居村的人們進行深度採訪時，我總是會以「他們是否覺得自己貧窮」作為最後一個問題。當然，大家都明顯表現出不悅的態度。因為「我現在不貧窮，之所以處在這種情況，是為了更美好的未來而暫時吃苦而已」的想法，深植在他們心中。很多人都提到「精神勝利」這個詞彙，即便他們對自己當下的處境無計可施，仍然以未來的可能性為前提，刻意忽視這個正在運作且十分殘忍的剝削生態。

當然，田先生的絕對優勢，就是他所擁有的條件，能夠讓他成為社會前百分之五的菁英。他擁有一份能領超過五萬七千元月薪的正職，月薪未來也有望調高到超過八萬五千元，父母親幫他準備了一百一十四萬元的房屋押金，還擁有羨煞許多人的漢陽大學畢業證書等等。

這裡我們要關注的，其實是即便是像他這樣的青年，仍不得不屈居在「新蟻居房」這樣惡劣的居住環境中，以及被經濟利益蒙蔽雙眼的大人，不負責任、不顧倫理地反對興建宿舍，並坐擁「新蟻居房」，榨取青年朋友的血汗以累積個人財富。

痛苦的青年族群必須成天聽人告誡自己「年輕就是要吃苦」，每一個人該做的事情，就是用這一切來獲取精神勝利。這一連串的事件，其實就是病態社會的剖面，讓我們看見社會是多麼殘酷地逼迫青年族群自食其力、各自謀生，以及藉著剝削他人，幫助自己往金字塔更高處爬去的某些人，在倫理道德方面究竟是多麼遲鈍。

「各位國民製作人，請多多指教！」

MNET電視台製播的《Produce 101》於二〇一六年播出第一季，為偶像生存選秀節目打出第一發信號彈，這是一個以機會與公平的面具偽裝，實則為「剝削青年」的系統。一百零一位十多歲、二十多歲不等的練習生，每一季都為了進入最後能夠出道的前十一名，展開一場拚盡全力的對抗。每一集節目的最後，都能看見他們九十度鞠躬，以響亮的口號向觀眾道別。節目結束之後「國民製作人」將投下自己手上的那一票，選出最後能進入出道組的十一位練習生。

我經常覺得這個節目象徵著首爾。渴望進入出道組的練習生們，每一次的表演都使出渾身解數，只希望能被攝影機拍到一次。而來自外縣市的北漂青年，則為了進入「首延高西成漢中慶外市建東弘」[42]接受全家的支持，站上舞台渴望「出道」。首爾就是北漂青年的慾望

[42] 譯註：首爾大學、延世大學、高麗大學、西江大學、成均館大學、漢陽大學、中央大學、慶熙大學、外國語大學、首爾市立大學、建國大學、東國大學、弘益大學的縮寫，是位在首爾的十三所知名大學。

城市。像《Produce 101》那樣剝削年輕人的結構，也在首爾這個城市原封不動地上演。

還有比「一人一票」更民主的方法嗎？但這其實是為了隱藏剝削的真相，而刻意拿出來放在檯面上的虛偽公平罷了，實際上是由製作團隊操縱這場競爭，甚至發展出「PD Pick」（製作人看中的人）這個流行語，也就是說如果節目中有只在背景畫面中出現一秒的練習生，那就會有獲得製作團隊青睞，刻意安排感人情節以凸顯其存在感的練習生。

現在也傳出節目甚至連投票數都造假，顯然「靠實力與努力的正當競爭」從一開始就不存在。這使認為「投票」能夠確保公平性的歌迷大失所望，掀起一股潮流的《Produce 101》就在破壞社會信任的狀況下畫下句點。

最重要的是，隱藏在殘忍接力賽背後，最根本的不公平結構並未浮出水面。打從一開始YG、SM等大型經紀公司，換句話說就是「金湯匙」經紀公司的練習生，根本不需要參加這個節目。韓國的練習生數量共有一千四百四十人[43]，有些中小型經紀公司甚至無法保障公司本身的存續，他們旗下的練習生自然心知肚明，站上《Produce 101》的舞台，是唯一能夠讓大眾認識自己的機會，但他們無法認清整個剝削結構的全貌，若問「參加生存選秀節目會不會很辛苦」，他們通常會這麼回答：

「參加節目是我自願的，因為只要能夠撐過去，就可以實現夢想。」

「我覺得這是沒辦法的事，我的時間只能用來打工賺取房租，而在首爾唯一能夠不看他人臉色，專注在我自己身上的空間，就只有這裡了。」

漢陽大學三年級金主恩（假名），住在沙斤洞一間押金十四萬兩千元，月租一萬兩千元的新蟻居房裡。屋主將原本的一戶隔成四間套房，只能委身其中的金同學，說她完全不知道自己的房間究竟有幾坪大。

他們兄妹都就讀漢陽大學，哥哥也在附近租房子，住在濟州島的父母每個月給他們一個人兩萬兩千元，共四萬四千元的生活費加月租。這雖然不是筆小錢，但仍不夠他們享受大學生活，所以她只好在附近的寵物用品店打工，賺取每個月一萬一千元的收入。專家表示，若每月房租超過月薪的（RIR, Rent Income Ratio）百分之二十，則可稱作是「租金超負荷」，也被認為是對居住貧困造成影響的因素。

「一般在外租屋的大學生，應該都屬於『居住貧困階層』吧？（因為這樣被別人說自己很

---

43 原書註：韓國內容振興院，〈二〇一七大眾文化藝術產業現況報告〉，二〇一八年一月。

窮）當然會不開心。我不覺得自己很窮，雖然房租都是父母出的，但我畢業之後也會賺錢，不可能一輩子過這種生活，只是暫時的而已。」

對外縣市的青年來說，首爾是機會與希望之城，若不離開故鄉，他們便沒有就學、就業的機會。

媒體呈現的大多都是首爾青年的樣貌。過去十年來，首爾和京畿的移入人口增加至四十六萬七千餘人，而移至釜山、大邱、光州、大田、蔚山等主要廣域市的人口則全部減少。當然，工作機會與大學是最主要的原因，但留在外縣市就看不見希望的青年，即使沒有明確的方向，仍然為了能夠主動選擇自己想過的人生，而承受著經濟上的困難，一窩蜂地追逐教育、職業、文化上的機會來到首爾。

「人就是要去首爾」這句話，使得外縣市大學被統稱為「雜牌大學」，首爾共和國令外縣市彷彿都成了殖民地，讓人誤以為彷彿只有首爾是「正式的舞台」，最後外縣市只剩下那些無名經紀公司的練習生，連參加選秀節目的資格都沒有。這是一個若不離開故鄉，就會令所有人感到困擾的社會。青年族群彷彿在參加一個綜藝節目，只為了能夠至少站上舞台一次，忍受激烈的生存競爭。去首爾、去首爾，前往那個每個人都想踏上的選秀舞台。

而這種情況造成的結果之一，就是隻身來到首爾的青年當中，每三人就有超過一人陷入「居住貧困」。有人或許會問，既然在首爾過得這麼悲慘，那為何不去生活費相對低廉的外縣市，或乾脆回老家去過著安靜舒適的生活還比較好，但原本在老家大邱生活，一直到了三十歲才孑然一身地來到首爾的金俊秀卻說，雖然只能流連在考試院，但「除了天氣比較冷之外」，首爾的生活一切都讓他很滿意。

「起初只是想要離開老家，所以今年初的時候想說要不要每個星期搭無窮花號[44]往返於大邱跟首爾，一邊準備證照考試，但這樣每個月要花上萬塊，我就想說那乾脆來首爾好了。我在老家真的經歷很多失敗，那裡本來就沒什麼年輕人，再加上又是個保守的城市，不斷失敗使我覺得自己沒有立足之地。我住的地方很小，很多人會在背後說閒話，重點是首爾的選擇比較多，即使這次失敗了，我也還能夠學其他的東西，工作機會也比較多。」

青年們正「苦撐」著。他們相信，只要能夠忍受現在的痛苦，就能夠抵達自己理想的目的地。即便一切不如夢想那般美好，他們還是相信自己年輕、能夠忍耐。選秀節目就把這種

---

[44] 譯註：相當於莒光號。

「認真努力，總有一天能夠出道」的慾望，投射在練習生身上。這座剝削城市也灌輸青年族群對未來的幻想：只要能夠承受現在的痛苦，就有機會把大企業的員工證掛在脖子上、組織家庭、擁有自己的房子。於是首爾便藉著他們的慾望不斷膨脹。

年紀越輕，越能忍受貧窮。青年居住貧困的情況固然嚴重，但始終不是被國家視為優先的政策，這是因為他們跟蟻居村的老人、街友不一樣，年輕人是能夠立即投入勞動市場的勞動力，同時只要「努力」就能夠擺脫窘境，而這種想法卻使得人類被扁平化成為零件，並且隨著能力區分等級，這難道不是這個剝削社會造成的嗎？

因為抱持「只要等待就能改善」的希望，使得大多數的人不願正視現在所處的貧困狀態，更將自己的處境正當化，這其實是以「被典當的未來」為藉口，逃避深入思考自己的貧困。就像前面說過的一樣，我們社會的青年，每三人當中就有一人「在工作或正在求職」，但仍然處在貧困的狀態下。

到頭來會發現，「只要堅持就能出道」只是種幻想。人們之所以努力忽視其中的各種不公平，是因為我們的社會信奉能力主義的神話，將焦點集中在「只要認真就能爬上金字塔頂端」「我一定能夠出道」上面。在首爾這個人人都渴望往上爬的城市，來自外縣市的青年朋友是只能在最底層急得跺腳的異鄉人，在江南出生、長大的青年，根本不用參與這場戰鬥，就像YG、SM這些「金湯匙經紀公司」的練習生，不必涉足名為《Produce 101》的剝削金字塔一樣。

「對我來說，家就是『洗澡的地方』而已。反正我在這裡頂多住兩年，我只需要『撐到』找到一個好工作就好。」

這是另一個在蟻居房裡「苦撐」的人。對畢業於京畿道的大學，目前正在漢陽大學攻讀博士學位的崔成昱（假名，三十二歲）來說，家只是「洗澡的地方」，除此之外不再有其他意義，頂多就是保管個人行李的空間罷了。他住在押金五十七萬元，租金九千元的四坪套房裡。因為預算不高，所以他跑遍了附近的房地產仲介，一個月內看了十八間房子，但最後得到的結論是這些錢只能租到半地下室。

最後好不容易找到的房子，就是現在的套房，也就是新蟻居房。

「我不知道找房子會這麼辛苦。在讀博士之前我住在水原，找房子找得很順利，但這次真的讓我忍不住說出『好累，真的好累』，所以一開始我也在想要不要乾脆去住考試院。我在首爾無親無故，所以剛上來的第一個月就住在考試院。」

他說雖然看了十八間房子，大部分的房子都超小，很多地方甚至不到兩個考試院的房間那麼大。這些地方只是沒掛上考試院的招牌而已，其實跟考試院沒有兩樣，而屋主則把這種有床鋪、廚房的房子稱為「超迷你套房」。即便押金五十七萬元並不是一筆小數字，但月租如果要壓低到九千元，那選擇大多只剩下半地下室。

「我配合自己的預算找，仲介說有一間『能照到太陽的半地下室』，但去看了才發現房仲說的窗戶是浴室裡的一個小窗戶，真的讓我覺得被汙辱了。」

對好運獲得父母的幫助，再不然就是靠打工的微薄收入勉強湊足房租的青年來說，在僅有的預算限制之下，親眼看遍這些環境惡劣的套房，其實是一再確認自己的處境有多麼困苦的過程。崔先生不知道自己住的房子是「違建」，但即便有像田同秀那樣心知肚明的人，仍然得在有限的預算下找到堪住的房子，所以最先放棄的條件自然是「房子是不是違建」。

雖然歷經千辛萬苦才找到房子，但他卻說結束研究室的工作要離開的時候，會有種不想回家的心情。他不斷說「用來休息沒什麼問題」「在裡面生活沒什麼問題」「單身獨居這樣也不差」，而不是說「在家休息最棒」「家是最能夠讓我安心的地方」「是可以獨處享受自由的地方」。這背後隱含的意思，其實是現在所住的房子，並不能真正地擁抱自己，只是為了實現未來的某個目標，用以暫時停留的地方。即便如此，他仍要用月收入的五分之一，才能換到這個能讓自己獨自喝著啤酒而獲得慰藉的空間。

我問他會不會認為自己是「居住貧困階層」。

「這裡住起來沒有什麼不方便，所以我從來不覺得自己是『居住貧困』，和我理想的居住環境相比，我並不覺得這裡有什麼缺點。我通常都只回家睡覺，睡醒就出門，除了睡覺的時間之外，大概只會在家待三十分鐘左右。」

《韓民族日報》近來訪問了全國十九至二十三歲不同階層、背景的一百名青年，問卷調查結果[45]顯示，面對「生活中最重要的東西是什麼」（複選）這個問題時，「健康」與「經濟穩定」分居一、二名，獲得壓倒性的票數，自我實現、成功、成長則分別只有一人選擇。報導分析：「年輕人選擇『健康』『經濟穩定』『家庭』，代表能夠支撐人生的要件並非社會醫療或福利補助系統，而是限縮在自我管理、最低限度的經濟條件，以及名為家庭的空間

---

[45] 原書註：《韓民族日報》，「一百名青年中，只有一人認為『成功很重要』」，二〇一九年十二月十二日。

裡。」

也就是說，若無法獲得家庭的幫助，就會對生存帶來不利，進而使人落入苦海深淵，而這使得「各自謀生」變得比實現夢想、追求成就更加迫切，也是我們這個社會的現實。同時，面對「你認為自己未來的生活有可能更好嗎」的問題，有六十九個人回答「會」，這也是最多人選擇的選項，認為「不可能改善」的則只有五人。

當代青年所期盼的現在與未來，其實並沒有多麼偉大，只是希望身體健康，經濟不需要「寬裕」，只是要「穩定」就好。只要能夠解決這些問題，他們就認為未來會更好，這是一種「小確幸」的思考模式。就連位居青年世代的上層，在首爾就讀大學的青年朋友，也都懷抱著這種安逸的想法，這都是因為許多社會資本再也無法保障年輕人能有明確的未來。

或許因為我們的社會無法配合經濟高度成長的趨勢，讓年輕人只靠幾項具有魅力的個人特質或大學畢業證書平步青雲，也迫使他們只能將「年輕」當成資本，於是青年成為「貧困的象徵」，但同時卻也是具備「可能性」的存在。如今社會無法支持青年的需求與希望，只是想盡辦法剝削他們，有足夠資格反過來要求他們進行結婚、生子等再生產的行為嗎？

後記

對每一個人來說，家是生活的重心，家能遮風擋雨、委身其中以免於遭受犯罪的威脅，同時也能讓人抒發在外活動時承受的壓力。我們的心在社會生活的過程中難免會受傷，必須要在回到家之後藉著自我安慰填補那些傷口。清洗放了好多天的待洗衣物、看Netflix、吃一些只要聞到味道就會讓人感覺靈魂都被療癒的食物，甚至能讓我們不在意任何的目光，狼吞虎嚥地大口大口把食物塞進嘴裡。於是，我們在家中再次獲得到外頭打仗的力量，為已經沒電的電池充電，讓生命的齒輪得以繼續轉動。家是讓個人生活與社會生活得以延續的粒線體、發電廠，同時也是孕育生命的卵。無論現在你住的地方是半地下室、是考試院、是城市型生活住宅、是最頂級的住商複合公寓，其所具備的屬性並沒有太大的差異。

穩定的居住環境能擴大、豐富社會議題的範疇，原本不太關注社會的人，也會在有了能夠定居的空間之後，開始對自己周遭的環境產生濃厚的興趣。亞利西斯・托克維爾說：「有些人只注重個人的利益，難以強迫他們關心國家整體的問題，但如果是行經自家門前的道路發生問題，他會立刻意識到，這小小的公共問題，與他個人最龐大的私人利益息息相關。[46]」定居下來的人，會聚集在一個空間裡討論社區的事，當發展出更高的主權意識後便會開始參與政治，這樣的風景是多麼地美麗？但矛盾的是，蟻居村居民與身為居住難民的青年，之所以無法成為政治的焦點，是因為這種破碎式、分子式的居住型態，無法成為政治的核心，換句話說就是「無法換取選票」。

一個正常的家、穩定的居住功能，真的要討論起來其實沒有盡頭，但我想強調的是，這其實是一個非常簡單的問題：現在我們的家，並不是能夠抵擋外在危險的空間。

很多人其實都是因為偶然，而讓自己無法擁有適當的居住環境[47]。《屬於自己的房間》一書的作者鄭敏宇，就用〈三隻小豬〉這個寓言來比喻這種人生。

「孩子們，你們都長大了，現在就自己獨立生活吧。」

因為豬媽媽的一句話，小豬三兄弟便開始各自打包行李。故事中好吃懶做的大哥和二哥，分別用稻草和樹枝蓋了房子，最後不是被大野狼吃掉，就是逃到小弟家去躲避。小弟跟懶惰的哥哥不同，聰明地花費很多力氣用磚頭蓋了房子，得以保護自己不受大野狼侵擾，這個寓言故事傳達了強烈的訊息，要人們奉行「資本主義式的勤勞」。

大哥和二哥真的應該被大野狼抓去吃掉嗎？如果真的有人這麼想，那他在看到蟻居村居民和許多外縣市青年，只能被困在首爾居住金字塔底層的惡劣情況時，很可能也只會認為「這是他們應得的」。這樣的人或許打從心底嫌棄貧困，會認為「這是那些人年輕時懶惰不努力的代價」。

其實故事中的大哥和二哥並非沒有做任何努力，只是用比較貧乏的素材蓋了房子，他們很可能是運氣不好，只能找到稻草和樹枝，也可能是沒受過充分的教育，無法想到其他的方法。我過去一年遇見的蟻居村居民也是一樣，有一半以上的人這輩子天天都在工作，陷入居住貧困的青年也都在各自的位置上努力拚搏；對他們來說，生活就是避開不幸，想盡辦法生存下去，人生的目的就是艱難地通過蟻居村、新蟻居房這些名為居住貧困的人生隧道。

今天的韓國社會，將市場的一切全部交給新自由主義，究竟誰才是「大野狼」？寓言將

---

46 原書註：亞歷西斯・托克維爾《民主在美國》（Alexis de Tocqueville, Democracy in America）。

47 原書註：鄭敏宇，《屬於自己的房間：從考試院看青年世代與居住社會學》，想像出版，二〇一一年。

大野狼掠奪的行為當成牠的天性，對剝削弱者的社會結構視而不見，將所有的責任推給個人的懶惰和不幸。〈三隻小豬〉這個寓言向全球兒童傳遞的訊息，至今仍然持續且有效地運作中。

在三隻小豬當中最壞的人是誰？是懶惰且不幸的大哥和二哥？還是讓他們用樹枝和稻草努力蓋出來的房子化為烏有，使他們只能成為「露宿者」的大野狼？

希望這個簡單的問題，能夠在我們討論貧困的時候，意識到長期以來一直被默許、一直被忽視的「剝削」問題，也希望能夠引起討論。

社會的「線」，究竟畫在什麼地方？那條線又是誰繪製？爲什麼底層的弱勢族群只能停留在線外？而應該停留在線外的標準又是什麼？是否一樣依靠「金錢」與人的「用途」區分？還是人們身上所散發出的味道……

我想活下去：從大饑荒與我們最幸福中逃亡，兩韓女子的真實對話

（北韓）朴智賢、（南韓）徐琳◎著

蔡孟貞◎譯

★ 本書北韓作者朴智賢獲頒國際特赦組織英國分會「**Amnesty Brave Awards 2020**」獎項，鼓勵她在促進人權進步上，不屈不饒的努力與付出。
★ 國際特赦組織以本書故事特別拍攝記錄片

開啓兩韓理解之路。
一個出生北韓；一個出生南韓。
因爲這本書開始同理彼此，她的人生才是眞正「愛的迫降」。

她叫朴智賢，國籍北韓。一個初春的夜晚，她橫渡圖們江，那時白雪覆蓋江面，她的皮膚和髮絲結凍僵硬，每跨一步，就與恐懼同在……
她叫徐琳，國籍南韓。小時候參加反共海報比賽獲得銀牌，寫著「打倒共產黨」的作品還貼在房間裡……

她們的韓國被分裂一北，一南，她們曾是敵人，是政治意識相對立的兩方。她們都說著同樣的語言，一樣愛吃泡菜，一樣有幸福無邪的回憶；
因爲一次偶然的採訪相識，生長在不同世界的兩韓女子，第一次以母語交換彼此的生命故事。藉由南韓女子徐琳的筆，朴智賢給了我們生活在「社會主義奇蹟」國度下的北韓普通家庭的日常浮世繪。

【名人推薦】

看到她的遭遇，我想的是，這算哪門子的投奔自由？
看到她的母親，我想到的是人性在殘酷的時代，只能比時代還殘酷……
看到她的努力，我想到的是人性在殘酷的時代，卻能比時代更殘酷。

＿導演／小說家　盧建彰

【好評推薦】

擁有迥異生活背景的兩位女子，在本書宛如進行一場兩韓對話——誰讓我們視彼此為仇敵？又是為什麼，明明說著同樣的語言，卻從來不曾完全理解對方？這些問題沒有寫在課本上……

＿專欄作家／影評人／韓國文化研究者／經營粉絲專頁「韓國的筆記」　彭紹宇

【內容試讀】

第六章家庭出身與十顆雞蛋

日子變得益發艱難，比起清洗公寓外牆，母親更加操煩的是每天晚上的那頓飯。一天晚上，父親下班回家，我預期著又要上演每日慣常的夫妻吵架戲碼時，他悄悄地鑽進廚房，手上抱著一只背包，那模樣活像是抱著一個嬰兒。背包外層是黑色的帆布材質。幸好那天晚上沒有人看見他走進公寓；大媽都在自己家裡忙著做晚飯，所以公寓大廳沒人。

儘管如此，他還是警覺地回頭四處瞧，確定沒有人看到他後才關上家門。因為他的舉動太不尋常，我們全都跟了過去，想知道背包裡面藏了什麼。他擺擺手示意我們不要出聲，然後把背包放在廚房桌上，從裡面拿出雞蛋，一個接著一個：五十顆雪白的雞蛋。他小心翼翼地把蛋放在背包旁邊。

看著這幅情景，母親難掩興奮之情，她把雞蛋捧在手心裡，數了一遍又一遍，然後通通放進一個大海碗中。連我，兩眼也只看得到那些雪白的蛋殼，我這輩子從沒看過這麼多雞蛋，看得我目眩神迷。

「我們該拿這些東西怎麼辦呢？」母親神情憂慮地低語，瞬時打破這幾秒鐘的靜默……

K原創 011

剝削首爾

是炒房者造成我們的貧窮！

寄生下流殘酷史，蟻居村全貌紀實

填回函雙重禮
① 立即送購書優惠券
② 抽獎小禮物

作者—李惠美
譯者—陳品芳
出版者—大田出版有限公司
台北市一〇四四五 中山北路二段二十六巷二號二樓
E-mail—titan3@ms22.hinet.net http://www.titan3.com.tw
編輯部專線—（02）2562-1383 傳真：（02）2581-8761
總編輯—莊培園
副總編輯—蔡鳳儀
行銷企劃—陳映璇／黃凱玉
行政編輯—林珈羽
校對—黃薇霓／金文蕙
初刷—二〇二一年二月一日 定價：三八〇元
總經銷—知己圖書股份有限公司
台北—一〇六 台北市大安區辛亥路一段三十號九樓
TEL：02-2367-2044／2367-2047 FAX：02-2363-5741
台中—四〇七 台中市西屯區工業三十路一號一樓
TEL：04-2359-5819 FAX：04-2359-5493
E-mail—service@morningstar.com.tw
網路書店—http://www.morningstar.com.tw
郵政劃撥—15060393（知己圖書股份有限公司）
印刷—上好印刷股份有限公司
國際書碼—978-986-179-613-0 CIP：542.6932/109017972

國家圖書館出版品預行編目資料

剝削城市，首爾／李惠美著；陳品芳譯．
——初版——臺北市：大田，2021.02
面；公分．——（K原創；011）

ISBN 978-986-179-613-0（平裝）

542.6932　　109017972